A. V. Dicey
The Statesmanship of Wordsworth: An Essay
Oxford: At the Clarendon Press, 1917.
根据牛津大学出版社1917年版译出

THE STATESMANSHIP OF WORDSWORTH

A. V. Dicey

文化生活译丛

华兹华斯的政治观

〔英〕A.V.戴雪 著
成桂明 译 康子兴 导读

生活·讀書·新知 三联书店

Copyright © 2021 by SDX Joint Publishing Company.
All Rights Reserved.
本作品版权由生活·读书·新知三联书店所有。
未经许可，不得翻印。

图书在版编目（CIP）数据

华兹华斯的政治观/（英）戴雪著；成桂明译；
康子兴导读. —北京：生活·读书·新知三联书店，2021.6
（文化生活译丛）
ISBN 978-7-108-07086-9

Ⅰ.①华… Ⅱ.①戴… ②成… ③康… Ⅲ.①华兹华斯(Wordsworth, William 1770-1850) —政治哲学—哲学思想—研究 Ⅳ.① B561.49

中国版本图书馆 CIP 数据核字（2021）第 021466 号

特邀策划	董成龙
责任编辑	周玖龄
装帧设计	蔡立国
责任印制	徐　方
出版发行	生活·讀書·新知 三联书店
	（北京市东城区美术馆东街 22 号 100010）
网　　址	www.sdxjpc.com
经　　销	新华书店
制　　作	北京金舵手世纪图文设计有限公司
印　　刷	北京隆昌伟业印刷有限公司
版　　次	2021 年 6 月北京第 1 版
	2021 年 6 月北京第 1 次印刷
开　　本	850 毫米 × 1168 毫米　1/32　印张 6.25
字　　数	108 千字
印　　数	0,001-5,000 册
定　　价	42.00 元

（印装查询：01064002715；邮购查询：01084010542）

致我的朋友

Adolphus Alfred Jack

亚伯丁大学英国文学教授

目 录

法学家戴雪的政治技艺 ……………………… 康子兴 i

序　言 ……………………………………………………… 1
导　言 ……………………………………………………… 3
第一章　华兹华斯的政治家品质 ………………………… 10
第二章　华兹华斯对法国的了解 ………………………… 24
第三章　华兹华斯政治信念的发展（1792—1802）……… 71
第四章　华兹华斯的政治观（1802—1815）……………… 93
第五章　华兹华斯政治观的相关问题 …………………… 123
第六章　华兹华斯政治观对当前战争的启示 …………… 150

法学家戴雪的政治技艺

康子兴

法学家阿尔伯特·维恩·戴雪（A. V. Dicey）出生于1835年，卒于1922年，亲历了英帝国由鼎盛走向衰落，并沐浴过"一战"战火，也见证了不列颠的联合逐步瓦解，进而走向分裂的历史。在戴雪晚年，伟大的不列颠（Great Britain）遭遇了前所未见的危机：内有爱尔兰之独立诉求，外有德国带来的战争威胁。诗人威廉·华兹华斯（William Wordsworth）生于1770年，卒于1850年，近距离观察过法国大革命及其恐怖，曾与博布伊（Michel de Beaupuy）等共和派革命者交游，也目睹了拿破仑战争给英国带来的威胁。华兹华斯也在晚年经历了英国政治的危机时刻，关心着民族的命运，用诗歌表达出自己的思考。戴雪与华兹华斯在不同的领域耕耘，生活在不同的时代。他们的生命本无交集，却因为相似的政治危机和对国运的关注而在精神的时空中相遇了。

一、保卫联合：宪法学家的战斗

戴雪不是一个纯粹的书斋式学者，他密切关注并积极参与现实政治。按照戴雪的传记作家科斯格罗夫（R. A. Cosgrove）的讲述，戴雪的一生大致可以分为两个阶段。在 50 岁以前，戴雪一直在法学领域接受教育与历练，最终成长为一代宪法学宗师。1885 年，《英宪精义》（*Introduction to the Study of the Law of the Constitution*）的出版代表了这个阶段的完成，也为他提供了一个机会，"得以在政治世界中占有一席之地"❶。自此之后，戴雪的生活与写作都极大地介入现实政治，尤为关注爱尔兰问题与"一战"。

继 1707 年英格兰与苏格兰实现议会联合之后，爱尔兰也在 1801 年与英国合并，成为联合王国的一个组成部分。英苏联合消解了两地在历史上的敌视、偏见与隔阂，为之带来持久的稳定与繁荣，也为后世情感与文化之融合奠定了基础。然而，英爱联合并未再续辉煌，为不列颠开创新的太平盛世，反而埋下了隐患，以致暴力冲突不绝。

---

❶ R. A. Cosgrove, *The Rule of Law: Albert Venn Dicey, Victorian Jurist*, Raleigh: The University of North Carolina Press, 1980, p. 114. 科斯格罗夫，《法治：维多利亚时代的法学家戴雪》，何永红、丁于芳译，华东师范大学出版社即将出版。

1845年，爱尔兰遭受虫灾，马铃薯被毁，几无收成，以致饿殍遍野，近八分之一人口迁往国外。爱尔兰经济因此遭受重创，此后几十年都难以恢复。面对灾难，英国政府没有采取积极救济措施，导致民怨沸腾，起义、暴动频频出现。1848年，"青年爱尔兰"党人发动起义。1858年，"芬尼社"成立，主张用暴力推翻英国统治，并组织多次军事行动，还试图暗杀维多利亚王室成员。爱尔兰问题逐渐上升为英国政治的重大议题。

1868年，格拉斯顿（William Ewart Gladstone）领导的自由党赢得议会选举，格拉斯顿首次组阁，并提出改革对爱政策。1869年，英国立法在爱尔兰废除国教，安立甘宗与天主教等其他教派处于同等地位。接着，格拉斯顿又试图解决爱尔兰土地问题。1870年，他制定了一项土地法案，禁止地主（多数是信仰新教的英格兰移民）在未做出赔偿之前就把佃户（多数是信仰天主教的爱尔兰农民）赶出土地。但这项法案其实效果不大，因为地主可以提高地租，从而迫使佃户主动退佃。爱尔兰农民对这种做法十分不满，一场轰轰烈烈的土地改革运动酝酿成熟，并推动了爱尔兰自治运动的发展。1870年，"爱尔兰自治会"（以下称"自治会"）成立。1879年，查尔斯·斯图亚特·帕内尔成为"自治会"领袖，呼吁农民保卫自身利益，开展反抗地主的斗争。自治运动受到爱尔兰农民的普遍支持。

经过多年斗争,"自治会"不断扩大在英国议会中的影响。在1886年的议会大选中,自由党胜出保守党86席❶。与此同时,"自治会"获得86个议席,足以影响两党之间的平衡。帕内尔因此获得政治筹码,利用政党政治推进爱尔兰自治立法。同年,自由党与"自治会"联合组阁,格拉斯顿也随之提出"爱尔兰自治法案"。根据这个法案,爱尔兰将组织自己的议会,处理爱尔兰自己的事务,爱尔兰自治政府对爱尔兰议会负责,伦敦政府只控制爱尔兰的外交、军事、铸币等。这个安排实际把爱尔兰放到了与英国海外自治领同等的地位上。自治法案受到保守党与联合主义者的反对。此后,以自由党、"自治会"结成的统一战线为一方,以保守党与联合主义者为另一方,城头变换大王旗,两派之间展开了激烈的辩论与斗争。直到1912年,"自治法"才获下院通过,1914年成为法律,但由于"一战"爆发,法律暂缓执行。"一战"结束后,爱尔兰人提出

---

❶ 工业革命导致英国社会结构发生了重大变化,也对古老的议会制度提出了挑战。自1760年代起,英国逐渐孕育、发展出议会改革运动。辉格党支持改革,希望在财产基础上与中等阶级结成同盟,向中等阶级开放选举权,从而通过改革避免革命。托利党则反对改革,担心政治制度中的微小变革会引发连锁反应,导致整个制度崩溃。1832年,国王签署改革法,第一次议会改革成功。在围绕议会改革展开的激烈斗争中,托利党受到巨大冲击,开启了对自身的改革,其政治立场由抵制变革转向主张渐进、缓慢的变革,党名也渐渐变成"保守党"。至1850年代,辉格党亦改称"自由党"。

了更高目标,要求彻底独立。❶

面对因爱尔兰问题带来的政治分裂,戴雪毫无保留地遵循联合主义。《英宪精义》出版后,戴雪有更多时间关心现实政治。实际上,在戴雪看来,格拉斯顿法案构想的内部自治(home rule)破坏了不列颠的议会主权,造成了宪法危机。因此,戴雪对爱尔兰问题的关注是其学说在行动上的自然延伸,他的论辩亦是他对英宪原则的保卫和守护。戴雪在1886年5月加入维持联合自由委员会,并在6月完成书稿《反对内部自治的英国案例》(*England's Case against Home Rule*)。这部著作于1886年11月面世,由麦克米伦公司出版,是"戴雪在爱尔兰问题上写得最好的一本书"❷。

戴雪得出三个令爱尔兰自治主张失效的普遍性结论。首先,内部自治会危及国家的政治联合,也将颠覆英帝国的扩张。其次,内部自治要求会导致联合王国内部的宪法革命。他认为这是一个灾难性事件,因为这将终结大不列颠走向联合的历史趋势。最后,他反复强调,内部自治绝不会满足爱尔兰民族主义者的要求。主张内部自治的人是在寻求一种政治合作的再协商,民族主义者却是要求独立,

---

❶ 钱乘旦、许洁明,《英国通史》,上海:上海社会科学院出版社,2012年,第300—303页。
❷ Cosgrove, *The Rule of Law*, p. 126.

要求联合的解散。戴雪主张，内部自治没有意义，因为与爱尔兰的联合是一个非此即彼的命题，没有任何妥协的空间。英国不是在内部自治与联合之间做选择，而是在爱尔兰独立与联合之间做选择。内部自治必然会失败，因为它既不能满足联合主义者的期待，也不能满足分裂主义者的期待。❶

戴雪认为，爱尔兰问题的根源在于经济，而经济问题则源自糟糕的管理、异己的治理土地保有的法律体系，民族主义的修辞没有任何实质的基础。因此，一旦不列颠议会解决了这些经济弊病，爱尔兰的动乱亦将消失。既然找到了症结，那么对症下药，纾解困境的办法就是：严格执行在英国通行的土地法，通过常规的法律程序，完全像统治联合王国其他地方那样来统治爱尔兰。

戴雪建议，英国应该像对待苏格兰一般对待爱尔兰。爱尔兰动荡之源不在联合的过错，而在于英国落实联合的方式。爱尔兰联合缺乏苏格兰联合的一贯性，正是这种一贯性才使得苏格兰联合如此成功。英格兰对爱尔兰制度无情的漠视，与对苏格兰制度的关心形成对照。1707 年联合保存了苏格兰民族生活中最好的东西，爱尔兰联合则与之相反，颠覆了爱尔兰民族生活中最好的东西。

---

❶ Cosgrove, *The Rule of Law*, p. 126.

内部自治挑战了不列颠的宪法框架，必将导致宪法革命与政治危机。"联合"是王国伟大的象征，它凝聚了政治家的智慧、英国古老的政治自由传统，以及宪法精神。正是因为"联合"，不列颠才转变为在19世纪主导世界的力量。在戴雪看来，爱尔兰自治不仅会破坏不列颠的政治统一，也将瓦解帝国的精神秩序。根据戴雪的论证，因自治而产生的分离将导致如下后果：推翻英格兰政治家几个世纪的政治成果；国家放弃权力，走向消亡；不列颠将会损失人力与财力，不列颠西海岸也将面临潜在的威胁；联合王国将会因此蒙羞。❶ 在这四条理由中，除了国家安全，其他三条理由都指向了精神因素——政治家的智慧，以及因此产生的权力意志与荣誉。所以，值此危急时刻，保卫联合与英宪的最好方式就是唤醒"联合"的精神，让政治家清晰认识到凝聚在"联合"中的智慧、权力意志与荣誉。

所以，《反对内部自治的英国案例》出版后，他给保守党领袖索尔兹伯里勋爵、自由党首领格拉斯顿都赠送了著作。也正是因为如此，1920年，在他85岁高龄之时，戴雪仍与R. S. 雷特合作著述、出版了《思索英格兰与苏格兰之联合》(*Thoughts on the Union between England and Scotland*)。可以说，戴雪将自己的天鹅之歌送给了

---

❶ Cosgrove, *The Rule of Law*, p. 130.

"联合"。在这部著作中,戴雪致力于证明:"联合"是政治家才能的胜利;"联合"的主要荣耀在于建立了一个新的统一国家,又未破坏英格兰或苏格兰的身份认同。英格兰与苏格兰的联合支撑起了他毕生的信念:民族主义(nationalism)在创建更大的政治联合体时得到了最好的表达,民族性精神(spirit of nationality)则会制造冲突,令更大的国家分裂。戴雪区分了民族主义与民族性精神,认为它们代表了不同的原则。民族主义与民族性精神都立基于共同的传统、文化认同。但是,前者永远保持一种开放的心态,能够容纳、接受并归化身份差异,从而能够化育出持续更新、成长的政治民族,塑造更大的政治体;后者则呈现出一种封闭的心态,把差异当成认同的边界,进而排斥差异,制造敌对与矛盾,只能令民族不断萎缩,国家亦随之分裂。在戴雪心中,英苏联合是一个原型,展现出为他所珍视的一切民族主义因素。在写给雅各布(Jacob)的信中,戴雪把1707年的《联合法》称为"不列颠政治家最重要也是最崇高的壮举"❶。戴雪终其一生都在追求一种求同存异的爱国主义(common patriotism),无疑,政治家的智慧便体现在对此爱国主义的弘扬,以及对民族联合的追求上。

---

❶ Cosgrove, *The Rule of Law*, p. 290.

从《反对内部自治的英国案例》到《思索英格兰与苏格兰之联合》，从1885年至其生命的最后时光，戴雪一直都在密切关注着爱尔兰问题，毫不妥协地批评内部自治，也意气昂扬地为"联合"辩护。只有当爱尔兰自治运动因"一战"的爆发中止时，戴雪才暂时将注意力转向战争。但是，他维护民族统一的政治理念仍然一以贯之，并未因战争而动摇。也正是在第一次世界大战这样的危难时刻，戴雪发现了华兹华斯的政治家美德，发现了华兹华斯可能给予当前这一代人的教训。

二、战争：戴雪的华兹华斯时刻

1914年7月，第一次世界大战爆发。关于戴雪在战争时期的忧思，科斯格罗夫评论道："一开始，相比起反对内部自治的战斗，强有力地支持战争的必要性并未取得优势。"[1]直到1916年6月，针对在爱尔兰爆发的复活节叛乱，他还在给战时内阁成员伯纳·劳（Bonar Law）写信，痛陈他对政策的失望。1917年，他又发表两篇专论爱尔兰的文章，反对在战时推行自治，同时也断定，赋予爱尔兰自治领地位的政策将以失败告终。在此后的一年中，爱尔兰的军事统治阻止了新的动乱，戴雪在通信和文章里都没

---

[1] Cosgrove, *The Rule of Law*, p. 261.

有再提及爱尔兰。与此同时，欧洲大陆上史诗般的战争越发牵动着他的神经，在使之忧心的同时，也给他激励与鼓舞。"一战"超越爱尔兰，成为戴雪关注的首要问题。

戴雪很早就断定，与德国的战争可能会持续得比拿破仑战争更久。当战争陷入僵局，维持战争热情的需要不断增长时，戴雪也拿起唯一可供他支配的武器，用笔投入战斗。戴雪对民族精神与爱国主义的赞赏超过其他一切公民美德。大敌当前，英国各阶层人民同仇敌忾，展现出大无畏的英雄气概。英国人民在危难中的团结令戴雪大为感动。在与朋友的通信中，他反复盛赞这一"民族精神的壮丽爆发"❶。在写作《英宪精义》第八版导言的结尾时，他的感动与希望也自笔端倾泻而出。透过这段情真意切、激情澎湃的文字，我们可以看到一颗勇敢而满怀希望的心，看到一个年迈但意气昂扬的老人。这段文字很像《君主论》的结尾，他也像马基雅维利一般，呼吁国人团结起来，点燃抗敌的激情，执干戈以卫社稷、自由与正义。

> 民族的危险原是民族的伟大性的实验所。虽则和平是常时可贵，然而战争足以给予我们极大教训，当

---

❶ Cosgrove, *The Rule of Law*, p. 268.

不让于和平。方今世界大战正在开始：在那一方面，我们的敌人拥有最大最有训练的军队，为今代世界所创见；在这一方面，我们的王国（实则是帝国）的全部一起团结精神，相与同仇敌忾。这件事实的本身是十分严重，且将发生重大关系。英格兰与全不列颠帝国一齐执起干戈，以图自卫，幸而战胜，尚足以奠国家于磐石之安，不幸战败，所有富厚、安泰，以至政治的生存，均受危险。诚如是，英格兰，以普天臣民的热烈同情，自愿以战争的危险及苦痛，交换和平的幸福；而且这番战斗并非因为要扩大幅员或博取军事光荣，诚以这些事业及功绩她已有相当成就；其实这番战斗却是因为要强制执行国际正义的一条规则，与维持人道的重大使命。这是一个极好征兆，要预报大众政治在将来欣然向荣，并要预报人类在刚德与正义的大道上进展。此类事实足以激起英格兰及法兰西青年的一种观感，即是，现代青年就是天堂的所在；此类事实不但足以慰藉老者，他们为了许多政治的醒觉与失望，几乎陷于绝望的境地，而且使老者喜极涕零，自庆依然健在，犹得及身亲见此日，当在民族生死存亡的关头，战旗一竖，万夫响应，无种族的界限，又无阶级的界限，大家一致齐集于民族的旗帜之下，相与抗拒一个已受军国主义洗礼的民族所有力量，幻想

与傲慢夸大心理,无论牺牲到了什么程度,总要坚持到底,以求取及保证人道、自由与正义的最后胜利于全体的文明世界。❶

英国人民的爱国热情给予戴雪极大的鼓舞,一扫爱尔兰自治给他带来的郁愤,重新唤起他对民族命运的信心。在上面的这段引文中,戴雪讲述了截然相反的两种心境:一种近乎绝望,一种则振奋且欣喜。结合戴雪的写作语境,我们不难理解他因何失望。两种心境的对照也暗示了戴雪对当下政治家的批评:他们被一种狭隘的民族主义左右,不能预见爱尔兰自治必将造成国家分裂的危机,没有尽到爱国的责任。国人,尤其是青年勇于为国捐躯的英雄气概慰藉了他,也重新唤起这位老者心中的献身精神与责任感,使他决心以写作的方式为国效力。

"一战"的情势让戴雪联想起拿破仑战争。他认为,大不列颠必须像一百年前那样坚韧不屈,政治家也应如一百年前那般,具有健全的判断、彻底击溃敌人的武德与决心。正是在这样的类比中,华兹华斯引起了戴雪的共鸣。华兹华斯创作了不朽的诗歌,记录并反思着他的时代。他也像

---

❶ 戴雪,《英宪精义》,雷宾南译,北京:中国法制出版社,2001年,第83—84页,略有改动。

戴雪一样，对时代的重大事件做出思考与回应，热情参与公共生活。一百年之后，新的大战来临，戴雪发现，华兹华斯的思考依然振聋发聩、富有教益，他的政治家风范也值得今人效法，具有警示与借鉴的意义。正是在这样的时刻，戴雪先后发表了《华兹华斯的〈论《辛特拉协定》〉》("Wordsworth's *Tract on the Convention of Cintra*"，1915)与《华兹华斯的政治观》(*The Statesmanship of Wordsworth*，1917)，向国人讲述华兹华斯的思想与洞见，鼓舞他们奋起抵抗，摧毁残酷且不义的军事专制，保卫民族之荣耀与自由。

在英国和拿破仑大战（1802—1815）的危机时刻，华兹华斯以最高贵的语言向英国的政客与民众提出了最明智的忠告——他在多年以前就预见、思考并宣告了19世纪支配或影响欧洲各国外交政策长达半个世纪之久（1820—1870）的民族主义学说；而他在英国与拿破仑的战争期间提出的政策所暗示的问题和包含的教训，与当下为保存大英帝国及其他所有自由国家的独立而加入世界大战的英国休戚相关。我之所以试图证实华兹华斯在19世纪前50年的政治观中展现的洞见和远见，其实是抱着这样一丝微茫的希望：华兹华斯的思想和文字曾经鼓舞和增强了我们的先辈对拿破仑专制的抵抗,而这同样可以鼓舞今天的英国人,增强他们的决心去摧毁一个远比拿破仑强加于整个欧洲大陆的暴政更为强大、更为残酷的侵略性军事专制。❶

三、民族主义:华兹华斯的政治技艺

> 黑暗,怀疑,恐惧的漫长历程!
> 希望在悲痛的眩晕中被耽搁,
> 废墟,灾难,血迹和泪水
> 二十年跌宕,恐怖如影随形。

司各特在1815年1月2日发表这些诗行,描绘英国人在拿破仑战争中近乎绝望的痛苦和恐惧。戴雪引用这些诗行,揭示英国在拿破仑战争中的艰难处境,揭示英国在面对战争时的分裂,揭示党派政治对抗敌的羁绊。司各特是"最充满希望、最坚定的托利党人",但是,在战争胜利的曙光中,推翻暴君的欢乐也无法让他忘记曾经忍受过的至暗时刻。辉格党则沉湎于抽象的政治教条与党派的意识形态偏见,看不到拿破仑对正义与自由的威胁,反将其视为

---

❶ 见本书,第8—9页。

"自由的捍卫者",从而"谴责对法作战,并自然而然地认为英国取胜无望"。❶

自缔结《亚眠和约》(1802)以来,至滑铁卢战役(1815)之前,面对拿破仑的军事霸权,英国处在一种什么样的状况中呢?戴雪列举一系列历史事实,勾勒出一段"举国沮丧的岁月"。他一再强调:英国人"背负着几近懦弱的道德压抑";"拿破仑持续获胜造成的沮丧无力感,对英国构成了毁灭性的威胁";政治家和将领也普遍对战争的最后胜利感到怀疑。❷戴雪着力把捉、刻画国人在战争中的道德与精神状态,向读者展开一幅充满着自我怀疑、精神分裂的灰暗图卷。

然而,华兹华斯的政治学说令这幅精神图卷变得明亮起来,为之注入生气与希望,产生了"未被阐明价值的直接影响"。"它让联合王国中每个憎恶拿破仑专制的人站在了一起,他们认识到英国有义务通过一场无法抗拒的战争来挽救自己,反击法兰西皇帝的侵犯,继而确保每个受到该帝国强大力量威胁或奴役的欧洲国家的独立。"❸戴雪引用司各特对华兹华斯的评价,论证他给英国人带来的感

---

❶ 见本书,第 97 页。
❷ 见本书,第 93—95 页。
❸ 见本书,第 124 页。

召与激励。司各特在读到《论〈辛特拉协定〉》(*Tract on the Convention of Cintra*)时写道:"我很赞同他。唉!在这场令人绝望的比赛中,我们需要除了勇气和美德之外的一切。我们的对手拥有人类的技能、知识,难以言喻的果断、阴险,兼具行动和手段。我们只能像獒犬那样勇敢、盲目而又忠诚地战斗。"❶ 戴雪注意到,在华兹华斯发表《论〈辛特拉协定〉》之后,"战争得到英国的热情支持,那些还持反对意见的辉格党人很快便分崩离析"。战争由反对法国转变成保卫英国的民族之战。在很大程度上,这一转变彰显了华兹华斯政治技艺的直接影响。不仅如此,另一事实也充分证实了华兹华斯的远见:19世纪英国的对外政策只要和华兹华斯的政治技艺相符,就会取得显著成功;而只要预期有所偏离,就会以失败告终,或至多以非常可疑的成功收场。❷

那么,华兹华斯的政治技艺具有什么样的特征,包含了哪些具体原则呢?

华兹华斯的上述影响表明,他的政治技艺主要表现为一种理性的洞见与判断,以及一种道德与精神的力量。按照戴雪的归纳,华兹华斯是一位道德家,对正义的胜利怀

---

❶ 见本书,第124页。
❷ 见本书,第125页。

有绝对的信念,他还具有先知般的严肃与远见,热爱一切真正的民族国家的独立,并且怀有强烈的英国爱国主义情怀。所以,就其实质而言,戴雪所谓的政治技艺是对政治的深刻洞见,是一种政治理念,以及不屈不挠地守护这种理念的健壮品格。戴雪将华兹华斯的政治观概括为爱国主义与民族主义,并根据《论〈辛特拉协定〉》,将其归纳为五大原则:

第一,对于每个业已获得民族独立的欧洲国家而言,民族独立是自由和文明进步等最大福祉的必要条件或来源。

第二,每个独立民族都有志于维护其他所有国家的民族独立,英国尤其如此。

第三,没有哪个国家应当拥有不可抵抗的军事力量,使得其他国家的合法独立受到威胁。

第四,拿破仑治下的法兰西帝国拥有几乎不可抵抗的力量,并且反对民族独立原则;因此英格兰应当对法开战,直到后者的力量降到合理范围之内。

第五,建立能够保证每个单一民族之独立性的新的势力均衡。

在阐述华兹华斯的民族主义原则时,戴雪特意分析了华兹华斯对英苏联合的态度。"华兹华斯再次清楚地认识到,像苏格兰和英格兰这样被不同民族情感所激励的国家,在各自骄傲地回顾自己民族成长的历史后,可能会正确而明智地为了组成更伟大、更强大的大不列颠王国而牺牲它们各自的某些特色。在他看来,当统一能极大地提升民族独立的安全时,就非常值得为此牺牲某些情感。"❶ 尽管戴雪仍然强调,华兹华斯更加关注维持或恢复现有民族的独立,而非创造新民族,但这也足以表明:在华兹华斯心中,民族不是一个僵化、静止的概念,它是开放的,处在不断的生成变化中。所以,为了共同的利益,现有民族也可以自愿联合与融合,形成新的政治民族。在很大程度上,民族是一个道德概念,而非政治概念,它在漫长的历史中获得了自身的文化传统,也具有统一的理性与意志,它可以选择联合也可以选择自身的政制。在华兹华斯看来,正义维系于民族的自由独立,任何以武力干涉他国政治独立,试图创立统一帝国的行为皆为不义。因此,但凡有国家拥有了不可抵抗的军事力量,危及他国独立时,各民族就应当合力将其击溃,建立起一种新的势力均衡。亦即,华兹华斯呼吁的"均衡"不只是出于安全考虑,更是正义与道德的要求。

---

❶ 见本书,第120—121页。

自然,"爱国主义"会从此民族主义中化育生长出来。但是,民族的道德内涵也暗示着,华兹华斯倡导的爱国主义具有其精神性与批判性,绝不是盲目拥护国家的一切现实政策与行为。正因如此,当英国在1793年向法国宣战,对法国革命进行干预时,华兹华斯感到震惊且愤慨:"当不列颠武装起来,拿出自由之邦所具有的力量,加入反对法国的同盟中,这时我该作何感想!哎,可叹,可耻!"❶ 1798年之后,当华兹华斯意识到战争的性质已经改变,他对英国的拳拳爱国心就得到恢复与增强,并驱使他在1800年之后力促与法国开战。所以,华兹华斯深爱的英国是那个"自由之邦",是那个凝结了灿烂文明与悠久历史的不列颠,是精神和道德意义上的祖国。无疑,华兹华斯的民族概念指向政治体的道德基础,指向人性,也道出了政治联合的根本动力。正因为如此,华兹华斯的政治观才能打破政党的成见与偏见,并最终弥合分裂,将一党独立支撑的反法战争转变成"保卫英国的民族之战"。

"一战"爆发,英国再次面临与拿破仑战争颇为类似的境况:一方面,大敌当前,民族自由受到威胁;另一方面,政党政治造成了宪法危机,政客沉湎于僵化的教条与党派利益,无力守护民族统一。在此危难时刻,戴

---

❶ 见本书,第75页。

雪受华兹华斯启发，拾起笔墨，以老迈之躯"履行希望之职责"。戴雪希望，通过阐发华兹华斯的学说，通过展示他对人类本性的深刻洞见，在英国人心中唤起"最神圣的希望"，唤起他们的爱国热情，保卫家园、荣誉与正义的英雄气概。

四、政治家何为？

华兹华斯既非出身于政治世家，也从未涉足政坛，谋取一官半职，但戴雪称之为政治家，还大力赞赏其政治家品格，费心阐发其政治技艺。不仅如此，戴雪还把华兹华斯故乡威斯特摩兰（Westmorland）的自耕农（yeomen）称为"政治家"❶。对戴雪而言，"政治家"这个词似乎别具深意。那么，在他看来，政治家意味着什么呢？

华兹华斯是个诗人，为何能够获得政治技艺？戴雪首先分析了他的成长环境及其所受的教育，认为环境赋予了他"一个为英国政治家少有的巨大优势"❷。他在威斯特摩兰的自耕农中间长大，乡村生活赋予了他独立自主的精神与共和主义情结。"他从不知道庇护人或者监狱会带来的祸害。"庇护人和监狱代表了某种外在的强制和规训。戴

---

❶ 见本书，第 14 页。
❷ 同上。

雪的意思很清楚：在成长过程中，华兹华斯感受着最本真、未受压抑的人性，观看着自然形成的习俗，体验着独立自主的法律与道德，因此，他对政治秩序便有最本真的理解，他像卢梭笔下的自然人一样，拥有自然赋予的共和主义精神。不仅如此，他还在文法学校和剑桥接受了良好的博雅教育，他在一生中亲身感受到贫穷与富裕的眷顾。因此，他既能从绅士的角度，也能从自耕农的立场出发，获得对生活的整全理解。伯克对他的影响也非常重要。他从伯克那里学习到历史方法，从而能够摆脱抽象观念，总是能够回归现实。

自然、博雅教育与历史结合在一起，使之既能洞悉人性，把握道德秩序之根基，又能现实地理解政治，抛却抽象原则带来的幻想与错谬。更何况，华兹华斯还具有天生的合理的判断力。于是，他的政治识见就能克服党派的局限，甚至超出"托利党或辉格党的理解范围"❶。

那么，政治家何为？在戴雪看来，他必须具有关于人性的知识，必能把握政治秩序最稳固、最自然的原则与基础，又能坚定地守护其理念，履行"希望之职责"，唤起国人对正义秩序的信心。对政治家而言，最重要的品质正是

---

❶ 见本书，第92页。

这种洞见与责任,而非操弄权术的手腕。只有这样的政治家才能守护民族的历史文化、自由与统一。

当我们回想起戴雪在晚年的战斗,我们就能理解,他对华兹华斯政治技艺的论述又何尝不是他的夫子自道呢?

序　言

本书探讨的是华兹华斯在1802—1815年的政治观（statesmanship）❶。书中大部分内容已就此主题以文章的形式发表在《19世纪及其以降》（*The Nineteenth Century and After*）上。我要借此机会对杂志主编致以最真诚的感谢，他慷慨地允许我在本书中自由使用这些文章。我也

---

❶ "statesmanship"是本书最为核心的关键词之一，在原作中共出现了50次，戴雪对其的论述贯穿全文。根据牛津和剑桥英语词典，"statesmanship"至少包含两层意思：政治家品质，或像政治家般的品质；政治家的行动、能力、方法等，在公共事务中展现的技能或远见。这两层含义都出现在戴雪对华兹华斯的论述中，但中文很难找到一个同时包含这两层意思的对应词语。戴雪在书中从华兹华斯的政治家品质，谈到他对法国大革命的观察，继而转向他政治信念的发展变化，最后集中讨论他的政治观念及其影响，以及对"一战"的启示。为了区别于第一章的"政治家品质"（statesmanlike qualities），并更接近于文中该词真正的指向，中译本将标题和各节小标题中出现的"statesmanship"统一译为"政治观"，而在正文的翻译中有时会根据上下文采取不同译法。——中译者注

非常感激 Messrs. Longman，Green & Co. 公司准许我全文收录他们 1910 年出版的《约翰·斯图亚特·密尔书信集》(*Letters of John Stuart Mill*) 中密尔对 1831 年拜访华兹华斯的描述。这是迄今我能发现的关于这位当时已经年过六旬的诗人最好的一幅文学肖像。最后，我想说，在写作本书时，我从很多朋友的建议中获益匪浅，他们比我更熟悉华兹华斯的全部诗歌，尤其是伦敦大学学院的英国文学教授 W. P. 克尔（W. P. Ker），以及牛津大学萨默维尔学院的英国文学教师、1807 年版两卷本《华兹华斯诗歌》(*Wordsworth's Poems in Two Volumes of 1807*) 的编辑海伦·达比舍尔（H. Darbishire）女士。

1917 年 4 月于牛津

导 言[1]

很多读者对本书的标题"华兹华斯的政治观"可能会感到困惑。他们大多都知道华兹华斯是位诗人,而且可能是英国最著名的诗人之一。他们也知道他是个道德家,但他从未进入过议会,也从未试图在那里谋取席位。那这样一个人与政治品质或技艺有何干系?少数听说华兹华斯在某种意义上与政治相干的人,也可能因其对手的歪曲或误解,把他想成一位不幸的文人:早年是个革命主义者(尽管并非雅各宾党人),晚年却在恐怖统治(Reign of

---

[1] *The Prose Works of William Wordsworth*, edited by the Rev. A. B. Grosart, 3 vols. E. Moxon, 1876.(以下简称 Grosart)*The Political Works of William Wordsworth*, edited by T. Hutchinson, Oxford edition, 1895.(以下简称 Hutchinson)*The Patriotic Poetry of William Wordsworth*. By the Right Hon. Arthur H. D. Acland. Oxford, 1915. Wordsworth's *Tract on the Convention of Cintra* [published 1809]. Republished Oxford University Press, 1915.(以下简称 *Tract*)

Terror）下惊慌失措，成为最激烈而顽固的保守派。简而言之，他和很多同时代人一样被视为思想家，也许被描述成一个风向标，一根已经生锈但仍然矗立的标杆。人们觉得，这样一个人可能是位卓越的诗人或高调的道德家，但绝不可能影响到英国的公共生活，或者在其中扮演任何真正的角色。

最杰出的华兹华斯评论家有时使用的语言加深了这种观点：否认其一生可能对国家政策做出过评论。这位诗人和文人❶对华兹华斯的天赋进行的精妙分析，总被后者的崇拜者充满敬佩地引用，不过他也在无意中维护了这样一个观点，即华兹华斯是个梦想家。这位老师写道——

> 时代在麻木的轮回中禁锢住我们的灵魂时，
> 他发现了我们，
> 他含泪言说，释放我们的心灵。
> 他把我们放在大地那铺满鲜花的凉爽膝头，
> 就像出生时那样，
> 笑容绽放，无忧无虑；
> 山丘环绕着我们，

---

❶ 指马修·阿诺德（Matthew Arnold，1822—1888），英国维多利亚时代著名诗人、文学家和社会评论家，以对当时的贵族、商业中产阶级和群氓的品位与风气的抨击而著称。——中译者注

导 言

> 微风再次拂过阳光普照的田野,
> 我们的额头感受着风和雨。
> 青春把早期世界的清新带回,
> 洒落在我们久已死去的精神里,
> 精神干涸,紧紧蜷起。❶

他无疑向成百上千的学生揭示了一种他们自己永远获得不了的对华兹华斯学说的理解。我比谁都更不愿低估马修·阿诺德对一位伟大诗人的精妙分析,他肯定远比同时代人更能理解这位诗人。我唯一持有异议的是,他对华兹华斯教诲中伦理部分的重视,有时遮蔽了后者性格和行为中的其他真实面向,而这种重视也没有直接体现出华兹华斯曾热情参与英国的公共生活❷,并努力促使他的同胞坚定地走向正义,走向摧毁了专制主义而构建的和平。此外,还应注意的是,如果华兹华斯的政治观没能(要么因为对手的歪曲,要么因为推崇者对其诗歌和道德教诲的片面推崇)得到应得的认可,那他自己有时就是帮凶。以他描绘

---

❶ 参见 Matthew Arnold, Memorial Verses, *Political Works* (Macmillan), pp. 290-1。

❷ 华兹华斯在 1833 年对一位友人说道,尽管他仅以诗人的身份著称于世,但他曾一天花 12 小时思考社会状况和前景,1 小时用于诗歌。参见 W. Hale White, *Examination of the Charge of Apostasy against Wordsworth*, p. 16, 引自 *Works of Orville Dewey*, ed. 1844, p. 622。

的一位诗人为例:

>但他是谁？带着谦卑的表情，
>穿着朴素的黄褐色；
>他在奔流的溪水边呢喃，
>比溪水声还要悦耳。
>
>他像正午的露水，或像
>午时果园的喷泉般隐遁；
>你必须爱他，在你面前
>他会值得你所爱。
>
>他见过天空和大地，
>山丘和河谷的样貌；
>源自更深处的冲动
>孤独地降临于他。
>
>他能从我们身边的普通事物那里
>窥见某些随意的真理；——
>平静的目光收获着
>沉思并安眠于自己的心上。

> 但他很软弱；无论是长大成人还是小孩时，
> 总在地里游手好闲；
> 只要能欣赏别人理解的事物
> 他就心满意足。❶（1799）

  有几分把握的是，这些诗句可能并不完全是华兹华斯的自画像，而是对带有自己特殊信念和诗意想象的理想诗人和道德家的刻画。这些诗行包含着重要的自我阐释，不过就像所有的忏悔和启示那样，事实与想象有意混在一起，其间包含诸多真相的同时，也带有一些误导性的暗示。例如，一个平庸的读者要是认为最后一节诗实际上说的是华兹华斯，就很可能断定诗人在某种程度上是个瘦弱的懒汉，满足于平静地享受一切蕴含美善的造物，以此度过一生。但是，从一个人自己的话中得出的结论可以错得离谱。华兹华斯生活中的一切，无论是他的缺点还是优点，都显示出他的健壮而非虚弱，显示出不屈不挠的精力而非懒散。他兴许偶尔在几个小时或几天的光阴里游离，但这种出神并非源自懒惰或犹豫，而是因为他深信

> 我们的大脑可以在明智的被动中

---

❶ Hutchinson, p. 485.

得到滋养。❶

如果把华兹华斯和柯勒律治❷并列在一起,你会立刻感到二者的不同,一位是充满力量的文学天才,另一位拥有同样程度的天赋,却与虚弱联系在一起,并几乎被虚弱所摧毁。华兹华斯并非懒汉。在他写下那些描绘诗人的懒散的文字时,身体的能量已经得到充分发展,而且头脑中充满了政治家般的关于英法之间正确关系的概念。

因此,我认为,尽管作为杰出诗人的华兹华斯,至少在英国已被普遍认可,但作为杰出政治家的华兹华斯却并未受到应有的重视。本书并不试图分析或评价华兹华斯的诗歌。笔者对兼备文学知识和能力的评论家的工作,提不出任何要求,他们已经确定华兹华斯在长长的英国诗人队伍中位居前列。本书的写作目的仅在证实他政治观的显著特征。我的目标旨在表明:在英国和拿破仑大战(1802—1815)的危机时刻,华兹华斯以最高贵的语言向英国的政客与民众提出了最明智的忠告——他在多年以前就预见、思考并宣告了19世纪支配或影响欧洲各国外交政策长达半

---

❶ Hutchinson, p. 481.
❷ 指塞缪尔·柯勒律治(Samuel Coleridge,1772—1834),英国诗人、文学评论家、哲学家和神学家,和华兹华斯共同发起英国文学中的浪漫主义运动。——中译者注

个世纪之久（1820—1870）的民族主义学说；而他在英国与拿破仑的战争期间提出的政策所暗示的问题和包含的教训，与当下为保存大英帝国及其他所有自由国家的独立而加入世界大战的英国休戚相关。我之所以试图证实华兹华斯在19世纪前50年的政治观中展现的洞见和远见，其实是抱着这样一些微茫的希望：华兹华斯的思想和文字曾经鼓舞和增强了我们的先辈对拿破仑专制的抵抗，而这同样可以鼓舞今天的英国人，增强他们的决心去摧毁一个远比拿破仑强加于整个欧洲大陆的暴政更为强大、更为残酷的侵略性军事专制。

第一章　华兹华斯的政治家品质

华兹华斯是个天才。他是诗人，但不是普通的诗人；他的诗歌是由常识、深刻的反思和对普通事物最灵敏的观察所引发的热烈想象的产物。他的政治思想，尤其是外交思想，与他的诗歌有着最密切的关系，两者都基于对显而易见的事实的认知。

他天生具有最敏锐的观察力。所有人一致认为

> 他见过天空和大地，
> 山丘和河谷的样貌；
> 源自更深处的冲动
> 孤独地降临于他。❶

---

❶ Hutchinson, p. 485.

第一章 华兹华斯的政治家品质

虽说华兹华斯喜爱乡村，尤其是山丘和河谷，但在年轻时，他却以最快的速度和强烈的渴望吸收着眼睛领略到的城镇生活。因此，他描绘出**古老伦敦**最美的图景，尽管如今我们大多数人仅仅把那个地方视为一个传统而已；对于年事不高者来说，那更激不起他们对维多利亚早期伦敦的声像的回忆。任何对此有所怀疑的人，都应该仔细思考下面这段对伦敦街景的描述：❶

> ……我面前流淌着，
> 你那不息的车水与人流！
> 你日常的容颜，震惊了各种陌生人
> 激起他们的好奇，由敬畏而叹服；
> 快速飞舞的色彩、灯光和形状；
> 震耳欲聋的噪声；

---

❶ 这段关于城镇的描述在《序曲》(*The Prelude*)中有很多类似的章节。拉斯金（John Ruskin, 1819—1900）的作品到处引用狄更斯（Charles Dickens, 1812—1870），他清晰地捕捉到并暗示了诗人与小说家之间的相同点，即同样具有敏锐的眼光（参见 *Modern Painters*, Ruskin's Collected Works, iii, pp. 570, 571，并请参阅关于狄更斯的所有注释）。事实上，华兹华斯、卡莱尔（Thomas Carlyle, 1795—1881）、狄更斯和拉斯金本人，都属于天才中被描述为"通过眼睛思考"（如果可以这样表达的话）的那个特殊群体。这些人能即刻在思想中复制出他们敏锐的眼力所传递的那些为一般人忽视的印象。毫无疑问，在这四人当中，华兹华斯是最敏锐的观察者，也是最冷静的批评家。

> 人们擦肩而过，接踵而来；
> 琳琅满目的商品接成长龙，
> 店铺也接连不断，门面上布满
> 标牌与纹章名，全是商人的荣耀：
> 这边的屋前好似书籍的扉页，
> 从头到脚写满大字，
> 悬在门庭，像是守护的圣徒；
> 那边塑出代表美德的男女人物，
> 也有真人的造型：陆地上的
> 武士、国王，或海上的舰长，
> 波义耳、莎士比亚、牛顿或某个扬名
> 一时的江湖医生的漂亮头像。❶

甚至在年轻时，华兹华斯就已具备一种天然合理的判断力。他很清楚自己头脑中的理智和反思在多大程度上平衡了狂热想象带来的影响。在下面这段话中，他描述了自己还是个年轻人时，对将要身陷革命冲突的态度：

---

❶ Hutchinson, p. 689. [此节诗行出自华兹华斯的《序曲》第七卷，已有中译本面世。本书有关《序曲》的翻译均参考丁宏为译本，略有改动。威廉·华兹华斯，《序曲：或一位诗人心灵的成长》，丁宏为译，北京：北京大学出版社，2017年。——中译者注]

第一章 华兹华斯的政治家品质

> 而我，当时尚未真正卷入
> 这场骚动，也还保持着比较
> 清醒的判断力，当为日后所不及；
> 过去的年代所给我的见识尚未
> 掺入多少异念与杂知，仍不失完整，
> 而只要借助于书籍和平凡的生活，
> 只要不那么急功近利，
> 不去加入广大的人群
> 而一同力奔眼前的目标并因此
> 变得狂乱或迷失，那么，年轻的
> 心灵必然能获取并保持这种见识。❶

他对自身判断力的这种自信并非自欺欺人。顺带一提，一位非常熟知华兹华斯的人出言证实了这一点。当柯勒律治严肃地写到一位率真的朋友时，他注意到华兹华斯非凡地结合了强大的理智和想象的天赋。他声称，

> 如果没有深刻的感情和想象力，他的理智就会缺少生命的温暖和独特；如果没有强大的理智，他的神秘主义就会变成一种病态——仅仅是一团迷雾，一片

---

❶ Hutchinson, p. 714.

昏暗。❶

环境赋予了他另一个为英国政治家少有的巨大优势。在成年之前和后来的一生中，他亲身感受到贫穷和富裕的眷顾——这可能非同小可。生活在坎伯兰郡（Cumberland）和威斯特摩兰郡（Westmorland）的自耕农或所谓的"政治家"之间，培养了他独立自主的精神。❷ 他从不知道庇护人或者监狱会带来的祸害。他起先在一所优秀的文法学校，然后又在剑桥大学，获得了同开放给所有绅士或贵族孩子的教育一样良好而博雅的教育。但他在人生的任何阶段都不富裕；他和科贝特❸ 或

---

❶ Coleridge, *Biographia Literaria*, ii. 161. 可比较 1831 年，当年仅 25 岁的约翰·斯图亚特·密尔拜访华兹华斯时，后者的智慧与公正给前者留下的深刻印象。参见后文［指原文；"参见前文"也指原文，见边码，下同。——编者］第 112 页。[约翰·斯图亚特·密尔（J. S. Mill, 1806—1873），19 世纪英国著名哲学家、经济学家和古典自由主义思想家，功利主义重要代表人物，代表作有《论自由》《代议制政府》《政治经济学原理》等。——中译者注]

❷ "坎伯兰和威斯特摩兰山谷牧羊农民的思想、情感、语言和行为方式"，柯勒律治写道，"也许可以此作为解释，而这些原因无论在城市还是乡村的每种生活状态中，都将并且一定会产生同样的结果。我可以列出两条理由：一是独立自主，它让人脱离奴役状态或为他人谋利的日常劳作，但又能保持必要的勤劳和简朴的家庭生活；与之相伴的另一条是安分而又坚实虔敬的教育，这种教育让人只熟悉《圣经》《祈祷书》或《赞美诗》等少数书籍。"——*Biographia Literaria*, ii. 45.

❸ 指威廉·科贝特（William Cobbett, 1762—1835），英国政治活动家、农民、记者、小册子作者，提倡议会改革，批判工业革命。——中译者注

彭斯❶一样知道囊中空空的滋味。因此他理解并同情穷人的需求。他既能从一个受过良好教育、思想丰富的英国绅士的角度,也能从一个独立自主的自耕农的立场出发,从整体上看待生活,尤其是对法国大革命。他的每一分钱都靠辛勤劳作获得,先令和英镑对他而言什么时候都不嫌多。

此外,无论从华兹华斯的思想和道德禀赋出发,还是从他的时代境况、成长环境和整个生涯来看,至少到1815年,他对公共事务的状况还怀有浓厚的兴趣,热切赞同强有力的行动,即使行动有时到了目无法纪的地步。❷但总体而言,他将由道德情感唤起的对崇高事业的信念置于恰当

---

❶ 指罗伯特·彭斯(Robert Burns, 1759—1796),苏格兰民族诗人,著名的"农民诗人",浪漫主义文学运动的开创者之一,曾广泛搜集整理苏格兰民间歌谣和古老传说,对苏格兰文学影响深远,代表作有《一朵红红的玫瑰》《友谊地久天长》等。——中译者注

❷ 参阅他关于罗伯·罗伊(Rob Roy, 1671—1734)的诗。应当注意的是,这些诗写于司各特将麦克格雷格(Macgregors, 即罗伯·罗伊。——中译者注)这个强壮而狡猾的歹徒首领介绍给英国大众之前。这些诗行幽默地赞扬了良好的古老规则,简单的计划——

> 他们应该带走,有权之人,
> 他们应该留住,能有权之人。(Hutchinson, p. 291)

[此处提到的司各特指沃尔特·司各特(Walter Scott, 1771—1832),苏格兰著名历史小说家、诗人和剧作家,确立了历史小说这一体裁,是欧洲浪漫主义文学的典范,也是长期从政的托利党人。——中译者注]

的范围之内。他的确终其一生都保持着对人类的热情——大多数人在临近中年时很容易失去这种热情,但即使在很早的时候,他就展示出一种冷静而可靠的判断力❶,而这种判断力的获得,往往是人生经验之果。此时,华兹华斯性格中的所有品质,如果没能让他直接有资格进入公共生活,也一定会让他规避掉导致议会议长和领导人犯错的某些不足。这类务实之人犯的最糟糕的错误不是缺乏深奥的知识,而是在处理公共事务时,无法心无旁骛地专注于一场复杂危机中少数几个重要的、根本的又时常凸显的特征。政治家由于关注次要细节而忽视主要原则的倾向,至少在华兹华斯那里被纠正或避免了,因为他结合了毋庸置疑的严肃思考能力和敏锐的观察天赋,而这常常为思维系统化之人

---

❶ 对比华兹华斯(当时是个23岁的年轻人)在《为法国大革命申辩》(*Apology for the French Revolution*)中针对沃森主教的用语表现出的节制,和伯克(当时61岁的政治家)在《法国革命论》(*Reflections on the Revolution in France*)中向理查德·普莱斯这样杰出的思想家发出的蔑视和辱骂。[沃森主教指理查德·沃森(Richard Watson,1737—1816),英国圣公会牧师,兰达夫地区主教,写过一些著名的政治小册子;伯克指埃德蒙·伯克(Edmund Burke,1729—1797),英裔爱尔兰政治家和哲学家,长期担任辉格党下议院议员,支持美国革命,批判法国大革命,主要著作有《法国革命论》《论崇高与美的概念起源的哲学探究》,被后世喻为现代保守主义的哲学奠基人;理查德·普莱斯(Richard Price,1723—1791),英国道德哲学家,不奉国教派牧师和数学家,激进的共和派政治小册子写手。——中译者注]

第一章 华兹华斯的政治家品质

所欠缺。

然而,想要理解华兹华斯政治观的读者必须始终牢记两个考虑因素。❶

第一个考虑因素是,华兹华斯居于特殊而不同寻常的政治立场。至少就外交政策而言,他实际上既不是辉格党也不是托利党。他在青少年时就已由衷支持法兰西自由的到来。

> 能够活在那样的黎明,已是幸福,
> 若再年轻,简直就是天堂!

这些话令人联想到法国大革命初期的狂热。它们确实汇集了 1789 年或 1790 年每个欧洲人所怀有的崇高志向——珍视自由的福祉,相信法国人民正在走向人类进步之路。这些心怀希望之人和考珀❷一样感受到:

> 只有自由才能赋予短暂的

---

❶ 本章处理第一个因素,尽管也会提及第二个因素,但将在下一章详细论述。

❷ 指威廉·考珀(William Cowper,1731—1800),英国诗人和赞美诗作者,浪漫主义诗歌的开创者之一,深受华兹华斯爱戴,被柯勒律治称作"最好的现代诗人"。——中译者注

> 生命之花以光泽和芬芳；
> 没有它，我们就是杂草。❶

在支持法国反抗专制主义初期，除伯克外，所有的辉格党人都走到了一起。❷ 他们认为，1688 年反对詹姆斯二世暴政的政治家的后裔们，必然会为 1789 年抵抗波旁王朝专制的法国人鼓掌欢呼。然而，华兹华斯比任何辉格党人都走得更远。他绝不会把像宗教改革一样强烈震撼整个欧洲的一场运动，错认为是光荣但保守的 1688 年革命的二手复制品。华兹华斯的确像伯克❸一样清楚地看到，法国的那场运动开启了一个新时代，但不同的是，他对此表示热烈欢迎。当他还是个孩子时，就天然地吸收了坎伯兰郡政治家或自耕农具有的共和主义情结。❹ 上大学时，他又从古典作家传承下来的情感中认识了共和主义。他接受这样一种美好信念：

> 荣誉向全民开放的时代来临了，
> 世人崇尚的不再是财富与爵位，

---

❶ Cowper, *Poetical Works*, ii. 142.
❷ 据说考珀生来就是个辉格党人，至死仍是如此。这种说法属实，但也有不甚妥当之处。
❸ 华兹华斯与伯克之间的思想关系，参阅本书第三章。
❹ Hutchinson, pp. 712, 713.

第一章 华兹华斯的政治家品质

而是才华、能力与不懈的努力。❶

他在法国的生活把他和吉伦特派（Girondins）联系了起来。同时，他一度采纳了不可靠的革命政治哲学，并且没有任何理由让人相信他不再同情吉伦特派。你在他的作品中找不到任何对路易十六之死的愤怒表达。❷ 他很可能和吉伦特派一样，相信国王准备倚重外国势力恢复王权。这个谋划是否通过国王之死得到了应有的惩罚，是留给政治诡辩家的问题。不过可以肯定的是，英国人绝不会原谅一个试图借助外国军队恢复王权的君主。华兹华斯无疑坚持认为，在拿破仑时代之前，以武力复辟**旧制度**而形成的联盟不应得到英国的帮助。但如果说华兹华斯期待世界从正义的胜利中获得救赎，并对英国式自由——如同瑞士践行的自由那样——怀有无法磨灭的信念，那他在 1802 年甚或更早时候，就已接受了伯克的大部分学说，公平地讲，也许从各种意义而言都接受了其中最好的部分。❸ 吉伦特

---

❶ Hutchinson, p. 713.
❷ "您希望假定自己属于不相信路易十六有罪的人之一。如果您曾如其重要性所要求的那样，仔细关注过法国大革命的历史，而不是驻足哀叹路易十六之死，就会痛惜正是人民盲目的爱，把他那样一个人置于如此可怕的境地，令其在人类的审判席上无从辩解。"参见华兹华斯 1793 年写给沃森主教的《为法国大革命申辩》，Grosart, i. 4.
❸ 华兹华斯对伯克富有辨别力的赏析，参见后文第 68 页。

派在血腥的不公中遭受的迫害，加深了伯克对华兹华斯的影响，让他立即彻底意识到，企图通过藐视公共正义和道德义务的一般原则来推行正义的统治是徒劳而愚蠢的。他无疑从同一位老师那里获得了另一个信念，即一个民族并不仅仅是个体的聚合，人类在整个世界取得的进步必定与尊重民族的历史和传统息息相关。

在华兹华斯的时代，很少有人能轻松做到这种观念的融合，而这正是他的政治家品质中的巨大优势。他早期的共和主义思想让他能够看到法国大革命带给人类的一些真正福祉，尽管其间伴随着巨大的罪恶。他从伯克那里进一步学习到的历史方法，与他对日常事实的慧眼观察和对人类特性的习惯性思考，以最愉悦的方式结合了起来。这使他得以摆脱那种总是误导最客观公正的革命者或改革家的抽象信念。平等、民族，甚至冠以圣名的自由和正义，因其概念非常模糊，常常成为最严重错误的根源。任何人，无论是从政者、传教士还是革命者，如果不注意纠正具有欺骗性的抽象观念，总是把它们和"围绕在我们身边的日常事物"相比较，那么，他哪怕是为了一项向善的事业，也会无限地作恶。那些向固有观念开战的思想家，常常由于偏爱某个一般概念，而被带入他们自以为已经揭穿的幻觉之中。无论如何，华兹华斯总能回归现实。而且，他能甄别不同面向的真相，这无疑抑制了在19世纪头25

第一章 华兹华斯的政治家品质

年败坏了英国政治的强烈党派精神的发展。霍尔克姆的柯克[1]（Coke of Holkham）是个能人，在辉格党中举足轻重。当他还是个孩子时，就被祖父告知，"汤姆，你现在记住，只要你活着，就不要相信托利党人"。父亲也教给他同样的教训。当他不断复述这些家庭逸事时，总会补充回答说："上天可鉴，我从没有相信过，将来也不会相信托利党人。"他终其一生都谨守这个誓言。在辉格党的圈子里盛行着这样一个传统，当一位母亲被孩子问及为何托利党这么邪恶时，她立即回答："他们生来邪恶，又让自己变得更糟。"悉尼·史密斯[2]具备最深厚的常识，非常幽默又性情良朴，但他发现在自己的作品中不可能以普遍的公正对待珀西瓦尔[3]或坎宁[4]。这种痛苦当然并不局限于辉格党人。沃尔特·司各特是个天才，人也和蔼，当他相信自己的正确判断时，他能足够清楚地看到社会和政治问题的弊端，但他和朋友说的"具有良好品质"的

---

[1] 指托马斯·柯克（Thomas Coke，1754—1842），第一代莱斯特伯爵（Earl of Leicester），英国政治家和农业改革者。——中译者注
[2] 悉尼·史密斯（Sydney Smith，1771—1845），英国才子，辉格党作家，安立甘宗神职人员。——中译者注
[3] 指斯宾塞·珀西瓦尔（Spencer Perceval，1762—1812），英国托利党政治家，1809—1812年担任首相，在伦敦下议院大厅被暗杀。——中译者注
[4] 指乔治·坎宁（George Canning，1770—1827），英国托利党政治家，1827年4—8月短暂担任英国首相。——中译者注

人通常指的是明智的托利党人。1824年,司各特惋惜道,应该送巴克卢公爵❶(Duke of Baccleuch)去剑桥,因为那所大学"很久以前就染上了政治自由主义",并在此时激发了一种令人怀疑的宗教热情,"让宗教成为政治和时事中特定思想路线的动机和借口"。❷ 1824年这个时间表明,司各特对查尔斯·西米恩❸所宣传的福音派教义(Evangelicalism)感到恐惧,认为它可能会以某种方式走向政治自由主义。他略带怀疑地旁观"我的朋友,史密斯教授"明显带有辉格党倾向的讲座。史密斯之所以引人注目,主要是他作为一所英国大学的历史学钦定讲座教授(Regius Professor of History)在1824年做了一系列历史讲座,并有一个班的学生参加了这些讲座。正是在这种感情状况下,华兹华斯从他既不是辉格党也不是托利党的事实中获得了政治洞见。他很容易成为一个原创性思想家,在年富力强之际就已思考出自己的社会和政治学说。

---

❶ 此处应指第四代巴克卢公爵查尔斯·蒙塔古·司各特(Charles Montagu Scott, 1772—1819),也是第六代昆斯伯里公爵(Duke of Queensberry),英国地主,业余板球运动员和托利党政治家。——中译者注
❷ 参见1824年6月15日司各特写给蒙塔古大人的信。*Memoirs of the Life of Sir Walter Scott*, by J. G. Lockhart, iii. 209.
❸ 查尔斯·西米恩(Charles Simeon, 1759—1836),英国福音派教会神职人员,曾在1799年创立"教会传教士协会"(Church Missionary Society),担任过大不列颠东印度公司专职牧师。——中译者注

第二个考虑因素 ❶ 是，华兹华斯的政治观具有不可估量的重要性。他早年就对法国人民有着透彻而直接的了解，而这即便是少数在欧洲大陆长期生活过的英国政治家也不一定具备。这种对法国及其人民的特殊了解在若干方面具有重要意义，因此将在下一章中予以充分考察。

---

❶ 参见前文第 12 页。

第二章 华兹华斯对法国的了解

1790年,华兹华斯第一次去法国旅行时,还是个不到21岁的年轻人,大部分时候主要步行游览这个国家。1791年11月—1792年12月❶,正当法国大革命如火如荼之际,他在法国又待了一年多。他和欧洲绝大多数思想开明人士一样,对革命的曙光满怀希望。他和吉伦特派关系十分密切,如果后者倒台时他仍在法国,就很可能会和朋友们一起死去。用他自己的话说:

> 毫无疑问,我会加入那些
> 现已消逝的人们;或许我自己
> 也已消逝,在错误与困惑中草草
> 奉献了生命,带着所有的崇敬,

---

❶ 或者可能到1793年1月。

第二章 华兹华斯对法国的了解

> 所有的希望,回到
> 大地母亲的怀抱,不过一个
> 只属于自己,于他人毫无用处
> 的诗人……❶

因此,在成年后最初也最易受影响的几年里,他透彻而直接地了解到法国人民的观念、情感、偏见、美德和缺陷。他并不富裕,常常徒步旅行,因此结识到各阶层的人。他和大路上遇到的流浪汉相处和睦。不过当他在城镇生活时,人们很快就发现他也是一位受过教育的英国绅士。他在布洛瓦(Blois)这样的城镇生活时,认识了保皇党军官,他们最终流亡国外,与法国作对,竭力阻止革命、恢复君主制。他和那些热情拥护共和政体的军官结下了更为亲密的友谊,这些共和派决心不惜一切代价抵挡祖国的侵略者。正如我们注意到的,他成为吉伦特派主要成员的亲密盟友,后者无论有什么缺点,都是法国最真诚的共和派。他们尽管热切拥护平等,但并不打算牺牲挚爱的自由。对比一下华兹华斯和亚瑟·杨❷研究法国人性格

---

❶ Hutchinson, p. 721.
❷ 亚瑟·杨(Arthur Young,1741—1820),英国著名的农业改良家、社会和政治观察家,争取农民权利的斗士,在农业、经济学和社会统计学等方面多有著述。——中译者注

时的不同机遇吧。杨格以罕见的才能细心观察到大革命爆发时法国的状况。就英国人而言,杨格的法国游记至今仍然是了解 1789 年法国农民和农学家的需求与愿望的主要权威材料。那时他很有名,已被引见给贵族和绅士阶层,骑着马或坐着车去旅行。华兹华斯虽不具备杨格在农业方面的知识,也肯定没有后者更了解法国的乡绅贵胄,但我们应该相信,华兹华斯一定比这个聪明的绅士农民❶(gentleman-farmer)更了解法国农民的热情,以及布洛瓦或巴黎地区穷人的痛苦和感受。如果说在 1789 年或更早之前,杨格是法国农业方面无可比拟的观察者,那在此之后❷,他显然什么也没看到,而华兹华斯却在革命冲突最激烈之时研究了法国。

---

❶ Gentleman-farmer,指以农耕为消遣但不以其为生的人。——中译者注
❷ 华兹华斯对法国人的第一手了解,和第一代格兰维尔勋爵(1st Earl Granville,1773—1846)这样的外交家对外国普通民众的那一丁点认识形成了奇怪的对比。格兰维尔勋爵是个很有魅力的人,深受社交圈的喜爱,是当时最好的惠斯特牌(whist,18、19 世纪非常流行的一种起源于英国的纸牌游戏。——中译者注)高手,尽管这个技能让他输得远比赢得多。他是个积习难改的赌徒,而且大部分时间都用来煞费苦心地和女人调情,或者说私通。然而,他是一位颇有成就的外交家,为报效国家所做的努力并非完全徒劳无功。但是这种代表大不列颠王国在多国居住过的绅士是不可能对民众有很多了解的。

第二章 华兹华斯对法国的了解

极为幸运的是,华兹华斯在《序曲》❶中记录了他对革命生活的观察。这部作品表面上是一首描写诗人心灵成长的自传体诗歌,但却呈现出两个与任何诗歌旨趣都不相干的明显特征。首先,就法国大革命而言,它是一份历史文献,因为它非常难得地记录了一位生来具有同情之想象和深切之关怀的敏锐观察家,对革命中一些主要事件的直接反思。而且,华兹华斯这些有关革命的记录明显写于目睹了法国最新事件后的大约 12 年之内。但是这份历史文献的价值尚未得到研究法国大革命的历史学家的充分认可。❷ 其次,《序曲》描绘了华兹华斯青年时期就已获得的信念,这些信念影响了他从 1802—1815 年的政治观。我希望用华兹华斯自己的文字来陈述他对法国大革命的一些精练思考,以此展示《序曲》的双重价值。与此同时,也向熟悉革命历史脉络的读者解释或强调华兹华斯语言的主旨和影响。

---

❶ 《序曲》开始写于 1799 年,完成于 1805 年,直到华兹华斯去世后才出版,他客居法国的部分主要见于全书第九、十和十一卷。这几卷据说写于 1804 年,但很明显,人们并不清楚,华兹华斯晚年在多大程度上可能对其中的表述做了改动。他在 1839 年修订了《序曲》。参阅 Harper's *Wordsworth*, ii. 407。

❷ 作为一份载有法国大革命期间的观点和情感的历史记录,《序曲》如果比卡莱尔的《法国大革命》(*French Revolution*)更早出版,其重要性可能会得到更多认可。聪明的读者就会发现由卡莱尔首先向英国公众传递的一些观点,早就被华兹华斯预料到了。

一、革命到来时的喜悦

> 能够活在那样的黎明，已是幸福，
> 若再年轻，简直就是天堂！
> 啊，这个富于浪漫传奇的国度，
> 就在那段时间里，习俗、法律和规章中
> 那些低质、陈腐、苛刻的条条框框
> 一起构成新的关注重心！ ❶
>
> 不过那个时候的欧罗巴一片欢欣沸腾，
> 法兰西正值黄金时光的巅峰，
> 人性也似乎在世间再现。❷

1790 年 7 月 13 日，就在巴黎庆祝伟大的联盟节 ❸（federal festival）的前一天，华兹华斯和一位朋友在打算

---

❶ Hutchinson, pp. 728, 729.
❷ Hutchinson, p. 680. 对比柯勒律治的诗行：当法兰西怒气冲冲地撑起她巨大的四肢 / 用那叩击着天空、大地和海洋的誓言 / 跺着强健的脚，说，她终会自由。参见 Coleridge's "France—An Ode", *Poetical Works*, i. 128。
❸ 参见 Carlyle, *French Revolution*, i. (ed. 1857), pp. 264-80。[Federal festival（Fête de la Fédération），指的是 1790 年 7 月 14 日，法国各地民众为纪念大革命和民族统一而举行的盛大庆祝活动，这一天后来成为法国的国庆日。——中译者注]

第二章　华兹华斯对法国的了解

穿越法国前往瑞士的途中,

> 我们来到加莱,正赶上那个伟大
> 联盟节的前夕,在这里和另几个
> 穷困的小城中,我们看到,当一个人的欢悦
> 即是万人共享的幸福,每张脸庞
> 都是何等光明。我俩从那里径直
> 南下,直穿过村庄与城镇,但见到处是
> 那喜庆日的遗物,一处处凯旋门
> 和窗台上,满布的花朵和花环
> 都已干枯。❶

两位旅行者后来遇到了从巴黎联盟节回来的代表,作为英国人,他们在一次晚宴上——

> 主人之好客有如亚伯拉罕
> 欢迎天使的到来。大家杯满
> 情溢,饱食后都神采飞扬,随着
> 一声召唤,我们都离开座椅,
> 手拉手围成一圈,绕着餐桌

---

❶ Hutchinson, p. 680.

>   跳来转去；所有人都敞开心扉，
> 所有的声音都高声抒发着友善和欢乐。
> 我俩拥有法兰西尊重的名声——
> 英国人的名声；他们向我们致贺，
> 热情而友好，称我们是光荣之路的
> 先行者，然后大家继续围着餐桌
> 欢舞纵情。清晨，我们与这群
> 快活的朋友重新启程……❶

两位异乡人一抵达瑞士就发现，法兰西的喜悦传到了邻国：

>   那是个光荣
> 而幸福的年代；胜利的目光是所有人的
> 眼睛共通的语言；似乎从睡梦中
> 被唤醒，各国都为实现了伟大企盼
> 而欢呼：那时战场的军笛声能使
> 人心振奋，有如山林新绿时画眉鸟的
> 啼叫。我们离开瑞士时，当地人正为
> 邻国未来的命运而欢呼雀跃……❷

---

❶ Hutchinson, p. 681.
❷ Ibid., p. 686.

第二章 华兹华斯对法国的了解

可以把这幅充满革命热情的法国图景和另一位诗人兼旅行家于 1755 年描绘的法国景象对比一下。他和华兹华斯一样囊空如洗，徒步游历了法国，深入到普通民众的真实生活中 ❶：

> 我转向更宜人的天空，那里由更文雅的习俗
> 统治；法兰西展现着她光明的领地。
> 这片充满活力的乐土，
> 到处是欢声笑语，自由自在，
> 你自己感到高兴，全世界随之愉悦，
> 我多久能在低声呢喃的卢瓦河畔
> 伴着没有旋律的风笛，
> 领唱一次你那顽皮的唱诗班？
> ············
>
> 古稀之年的老妇
> 带着孩子穿过欢乐的迷宫
> 欢乐的老者，摆动娴熟的古老舞姿，

---

❶ 对比约翰·斯图亚特·密尔曾高度评价自己青年时期游历法国获得的好处，"呼吸了一整年欧陆[指法国]生活中自由而亲切的空气"，他也比较过 "法国人在私人交往中的坦诚友好、善于交际，而在英式生活里，每个人都表现得好像其他人（很少，或毫无例外）不是敌人就是讨厌鬼"。参见 Mill, *Autobiography*, pp. 58, 60。

年过花甲依然活蹦乱跳。

这些无忧无虑之地的生活如此幸福,
他们的世界远离漫无目的的忙碌;
那里尽是令人心生爱慕的艺术,
皆因这里的风气由荣誉塑造。
荣誉,是真正价值得到的赞美,
甚至是想象价值得到的赞美,
流经此地;递相流转,
环绕着这片土地的壮观人群广为传颂:
在法庭、校园和村舍之间漫游,
所有人都被教导要渴求赞美,
他们自己愉悦,也令人愉悦,他们付出,
耕耘,直到长成似被祝福的样子。❶

1755年的法国之于戈德史密斯❷,就像1790年的法国之于华兹华斯,其魅力在于法国人富于同情的性格。这种分享社会情感的能力,一定程度上解释了这部不断变换场

---

❶ *The Traveller*, Goldsmith's Works, ii. 46, 47.
❷ 指奥利弗·戈德史密斯(Oliver Goldsmith,1728—1774),爱尔兰小说家、剧作家和诗人,主要代表作有《威克菲尔德的牧师》《荒村》等。——中译者注

景的革命戏剧中一些最崇高和最可怕的场面。显而易见的是，华兹华斯本人完全分享了联盟节带来的慷慨而远大的志向。岁月带给他诸多经验和智慧，但是他的众多现代崇拜者并不理解他们的先知，认为他是和平的传道者、寂静主义者（quietist），或者神秘主义者。他们没有意识到他自始至终都是一个热心家，即使表面看上去保守，底子里却是个革命主义者。他不会摒弃法国，只要她仍然捍卫自由。他从未宣布放弃联盟节激发的希望。他的强烈希望只限定于两个信念：

> 当看到
> 理应统治之人不在其位，
> 世界中的一切只让我厌恶。[1]

他再次坚定地相信，

> 世上只有一个伟大的社群：
> 高尚的活人和高尚的死者。[2]

---

[1] Hutchinson, p. 712.
[2] Ibid., p. 733.

如何解释革命的曙光激发的强烈喜悦和无限希望呢？这主要存在于两个方面。首先，1789年的人们从自身经历中意识到，欧洲大陆受到大量机构的压迫，至少在法国，这些机构都被归到**旧制度**的名下，无论它们的起源和早期效用如何，都令各阶层再难忍受其生活。英国人尤其强烈地感受到，波旁王朝的专制统治是对世界的诅咒。法国的确比欧洲大陆许多国家治理得更好，但对于我们的祖辈而言，她似乎是支撑整个专制体制的核心。❶ 他们对法国专制政府的弊端更为敏感，因为自路易十四时代以降，专制即意味着迫害新教徒和抵制大英帝国的扩张。1789年，由于众所周知的事实或者至少是共同的信念，导致了三级会议的召开和巴士底狱的陷落，这几乎振奋了欧洲所有开明人士。然而，当过去时代那些不同于20世纪观念的信念被遗忘后，我们今天无法认识到，没有谁能在1789年预见法国大革命的进程，就像最睿智的英国人今天也无法预言那些将在1917—1927年构成世界历史的事件。其次，在1789年大行其道的信念是，民众天性本善，天然具有美德，大众的情感就是上帝之音。

在此有必要大致追溯一下华兹华斯，以及众多同时代

---

❶ 参见 Goldsmith's Works, iii. *Citizen of the World*, Letter iv, pp. 10, 11。

第二章 华兹华斯对法国的了解

著名人士在1789年怀有的这种情感的强度和持久性。为此，举例说明是一种富有说服力的合法论证形式，因为它表明直到19世纪晚期，一种难以让现今任何一位理智的英国思想家接受的信念或情感，曾对欧洲的公共生活产生过巨大影响。

在革命真正爆发的前几年，启蒙人士和怀着同考珀❶一样希望的人感到，世界需要的是自由。

1785年，就在三级会议召开的4年前，奥尔尼❷（Olney）的宗教隐士以近乎预言家般的洞见和气魄谴责了巴士底狱的不公、残忍和恐怖。它对英国的自由公民而言，就是法国专制主义的典型代表——

> 那是对人民的羞辱，比所有的
> 损失和败仗都更令法国蒙羞，
> 过去或后来的日子，在海边或在陆地，
> 她的奴役之家——巴士底狱
> 比上帝报复法老的那个古屋更糟糕。
> 你可怖的塔楼，伤心的住所；

---

❶ 参见前文第12页。
❷ 奥尔尼，英格兰东南部的一个集镇和地方行政区，因威廉·考珀和约翰·牛顿（John Newton，1725—1807）在此处写作的赞美诗而闻名。——中译者注

你的地牢，还有绝望的牢笼，

历代君王提供的

入他们尊耳的音乐，

可怜人的叹息和呻吟！

没有一个英国人的心不会雀跃，

听到你终于倒下；

获知即便是经常为我们锻造枷锁的敌人，

也自由了。❶

---

❶ Cowper's *Poetical Works*, ii. 140. 对比华兹华斯的 *The Excursion*, Hutchinson, p. 796. 当巴士底狱倒下时，墙内共发现至多六七名囚犯，而且都是些无足轻重之人；事实上，路易十六治下也很少使用任意监禁的权力，但考珀的语言富含的力量和重要性并不因此有所削弱。今天，委屈而神秘的双面骑士（Chevalier D'Eon）并不比冒名伪装的罗杰·蒂西伯恩（Roger Tichborne）更重要，但他们证明在路易十六的温和统治下，三级会议召开的 11 年中，一位勇敢的官员、杰出的外交家可能因为某个未被确认的罪行，不经审讯就被判处要进行悔罪和经受羞辱，而这是东方专制主义充满幻想而又反复无常的折磨都难以匹敌的。值得注意的是，三级会议召开后，国王仍不愿放弃密札制度（lettres de cachet）赋予的权力。（参阅 Dicey, *Law of the Constitution*, 8th ed. p. 187.）[双面骑士，指夏尔·德·博蒙（Charles de Beaumont, 1728—1810），又被称为"德翁骑士"，法国外交官、间谍、士兵和共济会成员，曾加入路易十五组建的秘密间谍组织"国王的秘密"，并参加七年战争，后成为法国在英国的特命全权大使，其生涯前 49 年是男性身份，后 33 年则以女性身份生活。罗杰·蒂西伯恩，指发生于 19 世纪六七十年代英国的蒂西伯恩之案。1854 年，罗杰·蒂西伯恩作为家族继承人据称在一次海难中罹难，但其母亲并不相信其已去世，并在报纸上悬赏寻人。1866 年，有一个自称是罗杰·蒂西伯恩的人从澳大利亚来到英国，母亲很快相信他就是自己的儿子，（转下页）

第二章　华兹华斯对法国的了解

1789年7月30日，福克斯❶写道，占领巴士底狱，"这是世界上发生过的最伟大事件，也是最好的事件"。华兹华斯在《序曲》中写到自己对法国大革命的情感：

> 我们也诉诸自己心灵的憧憬；
> 最后，我们就在面前目睹了
> 一个民族为这一切提供的活证据：
> 他们挣脱了耻辱，从低愚无能的深潭中
> 站起，如银光初射的晨星。我们满怀情致，
> 审视他们的品德；看到最粗朴的人
> 才有最强的牺牲精神，还有
> 无私的爱、自制力以及正义感，
> 斗争越激烈，这些越显而易见。❷

〔接上页〕但是其他家族成员认为他是冒充者。在1871—1872年的民事审判和1873—1874年的刑事审判中他都败诉并被判入狱，还被揭发原来是一名屠夫的儿子。密札制度，指由法国国王和其中一位大臣签发的信件，盖有国王御玺，含有国王直接下发的命令。——中译者注〕

❶ 指查尔斯·福克斯（Charles Fox，1749—1806），英国18世纪末、19世纪初著名的辉格党政治家，反对奴隶制，支持法国大革命和美国革命，主张宗教宽容和个人自由。华兹华斯与其有书信往来。——中译者注

❷ Hutchinson, p. 715.

即使在非常理智严肃的人中间,恐怖统治的可怕悲剧也没有实质性地消除这种对民众的政治憧憬的信任。在1830年,最受尊敬的辉格党人几乎无法表达他们对光荣七月❶(glorious days of July)的心满意足。同年,最严肃、最令人敬重的一位论(Unitarian)神学家这样写道:

> 法兰西!光荣的法兰西!自耶稣复活以来有没有哪个星期像国家重生的那个星期一样,向我们这个民族许诺如此与日俱增的祝福?它将在哪里结束呢?这一振奋人心的冲击一定会经过荷兰、西班牙和意大利。把这场革命与历史上任何一个时期相比较,它都以令人鼓舞的光芒展示出现代品格和思想。整个斗争本着一种无私的精神进行,给我留下了最深刻的印象。这样的民族肯定几乎看到了宗教真理的价值。❷

1848年2月24日的革命流放了既不被惋惜也不被尊

---

❶ 指七月革命,1830年7月,法国人民推翻复辟的波旁王朝,建立奥尔良王朝。——中译者注

❷ 这是詹姆斯·马蒂诺在1830年9月9日写给一位朋友信中的话。参见 James Martineau, *Theologian and Teacher*, p. 67 (n.), by J. Estlin Carpenter.〔詹姆斯·马蒂诺(James Martineau,1805—1900),英国上帝一位论历史中富有影响力的宗教哲学家。——中译者注〕

第二章 华兹华斯对法国的了解

敬的路易·菲利普❶（Louis Philippe）。从一开始，托克维尔❷就坚持认为群氓没有丧失任何恶习，也没有获得任何新的美德，这表明他们自身不值得拥有自由。但他最杰出的朋友之一——安培❸却认为，奥尔良王朝的覆灭是自由的胜利。托克维尔以残酷的幽默进一步举出下面这个奇怪的例子来说明，真诚的民主派人士普遍盲目地信任民众。5月15日，巴黎的暴民闯入国民议会（National Assembly），试图通过武力将其解散，若不是国民警卫队及时赶到，他们很可能已经屠杀了议员。6月26日爆发的起义，即便到今日仍是巴黎街道见证的军队和工人之间展开的最激烈战斗。就在这两个事件发生的间隙，临时政府在巴黎市中心的协和广场举办了一次盛宴。一位天真的民主派人士对托克维尔说道："相信我，我亲爱的同僚，你一定要永远相信群众。"托克维尔的回复很自然："你怎么不在5月15日前

---

❶ 指路易·菲利普一世（1773—1850），即奥尔良公爵，法国奥尔良王朝唯一一位国王。1789年法国大革命爆发时，他参加支持革命政府的贵族进步团体。1830年七月革命后加冕为法国国王。1848年2月24日逊位，后隐居并老死英国。——中译者注
❷ 指阿历克西·德·托克维尔（Alexis de Tocqueville, 1805—1859），法国思想家、政治学家、历史学家，社会学的奠基人。他早期热心政治，曾任法兰西第二共和国外交部长、众议院议员，后弃政从文，以《论美国的民主》《旧制度与大革命》等著作闻名于世。——中译者注
❸ 指安德烈-马里·安培（André-Marie Ampère, 1775—1836），法国物理学家和数学家，经典电磁学的创始人之一，国际单位制中的"电流"单位以他的名字命名。——中译者注

夜提醒我呢？"❶ 甚至后来到 1870 年，诚实而理智的民主派也认为，实际上宣布成立共和国可能不仅在政治上是明智的，而且将赋予法国不可言喻的神秘力量来抵抗德意志侵略者。英国人也无权谴责他们邻国的公民对民主思想的迷信。无论在英国，还是在其他地方，受人尊敬的政治家都将政治智慧完全概括为对民众的信任。

关于大众情感❷（popular emotion），至少有两个方面应该得到比往常更多的关注。第一，广泛传播的共同情感可能会在短时间内，让群众的美德提升到高于或下降到低于平均水平。甚至 1792 年 9 月发生的残暴大屠杀，也显示出这种同情心在起作用。沾满血污的刽子手一个接一个地屠戮没有任何罪行的无辜受害者。然而，偶尔会有一个男人或女人靠运气或机敏，由最可憎的临时法庭（improvised tribunals）宣布无罪释放。在这些罕见的案例中，无罪释放的英雄会被流氓抬着凯旋回家，而一旦判决相反，这群恶棍就会毫无顾忌地将其杀害。这些雇来的杀人犯起先不屑于沦为盗贼，但据说这点残剩的多愁善感很快也消失了。

---

❶ 参见 Tocqueville, *Souvenirs*, p. 196。
❷ 在群情激愤的时期，宗教狂热和政治狂热之间存在着密切的相似性。它们可能确实像英格兰共和国时期那样，难以区分地混合在一起。狂热本身并不是伪善，而是一种强烈的情感或信念，并会不断使人高于或低于他们的普遍道德水平。

第二章 华兹华斯对法国的了解

无论如何，道德激奋的群众与其说由个人利益引导，不如说受其情绪左右——这一认识可能会被质疑，但在很大程度上解释了对暴民偶然性美德的夸张信任。第二点值得注意的是，过分笃信政治尤其是宪政改革的有利影响，与对民众德行的过分信赖密切相关。我们一旦假设大多数人，尤其是穷人天性善良，就会自然而然（如果不是合乎逻辑地）从这个假设中得出非常奇怪的结论。例如，对于民主派而言，无论什么时候事情变糟，似乎都必定是国王、贵族或教士败坏了天性善良的民众。他们会进一步认为，把最充分的政治权利扩展到每个公民，比如赋予每个公民投票权，将是按照天意（intentions of Nature）恢复人类幸福和正义的最可靠手段之一。

华兹华斯在讲述他与米歇尔·德·博布伊❶将军的对话中，细致地描写了大革命刚开始所激发的强烈希望及其特征。1792年，他在布洛瓦与博布伊建立了亲密友谊。这位将军几乎是驻扎该镇的军官中唯一一位热情的共和派人士。在华兹华斯眼中，博布伊就像普鲁塔克笔下的英雄。几年后，他为保卫法国而战死。他有着极大的个人魅

---

❶ 米歇尔·德·博布伊（Michel de Beaupuy, 1755—1796），法国大革命期间的军队将领，虽出身贵族，却热情拥护共和政体。他与华兹华斯交好，并对后者产生了重要影响，后来死于埃蒙丁根战役（Battle of Emmendingen）。——中译者注

力,激发或强化了华兹华斯天生的或者说古典的共和主义精神。

> 一天,我们俩
> 偶遇一位被饿魔侵蚀的少女,
> 她拖着疲惫的脚步,尽力与
> 一头小母牛同行。她用一根绳子
> 将小牛拴在手臂上,任它舔食着
> 小路上的食物。但见她那无血色的
> 双手不停地编织,无精打采地
> 打发着孤寂。看到这景象,我的
> 朋友激动起来,说:"我们就是
> 为反对此情此景而战。"此刻,
> 我开始分享他的信念:一个吉祥的幽灵
> 在四处游荡,势不可当,除绝
> 如此赤贫指日可待,我们该会
> 看到大地遂其本愿,酬答
> 那些谦卑耐苦的劳动者;该会
> 永远取消允许各阶层相互排斥的
> 法规,废除虚华的盛仪,推翻
> 纸醉金迷的权势与暴政,不管它
> 一人独裁,还是少数人统治;

第二章 华兹华斯对法国的了解

终该看到人民——作为世界的
主宰——强力制定自己的
法律，由此让全人类过上
更好的日子。❶

　　这些诗句意义非凡，清楚地表明了 1789 年的共和或民主信条。博布伊是一位共和主义者，我们可以猜测他和华兹华斯一样是吉伦特派。他毫无疑问既想赋予广大民众更多政治权利，也想让他们摆脱贫穷和匮乏。在这一点上，"我们就是为反对**此情此景**而战"具有决定性意义。换句话说，他不仅是共和主义者，还是社会主义者（尽管自己并不知道）。不过他提出的自上而下改革社会的措施显然会破坏特权和专制权力，其中最重要的是赋予民众制定自己法律的强大力量。通过这两种变化，他为全人类寻求更美好的生活。换言之，博布伊与华兹华斯在 1792 年都是民主主义者，他们希望通过热忱的个人主义者所赞同的手段，达成各种社会主义改革。在现代批评家看来，他们这一独特立场，在现实中似乎和吉伦特派、雅各宾派，以及 1789—1792 年法国所有主要的革命主义者或改革家的立场相似。他们全都希望"看到大地遂其本愿，酬答那些谦卑耐苦的

---

❶ Hutchinson, p. 717.

劳动者",也就是说,希望摧毁人类的不公,为想象中的天然公正带来自由视野。但他们不是自觉的社会主义者,至少理论上还是彻底的个人主义者。作为立法者,他们充分承认财产权是一项自然权利❶——一项应当认真遵守的神圣权利——然而他们想要通过能为全人类创造幸福和快乐的改革来实现。❷

这就是革命原则的吊诡之处,其解释基于这样一种信念——废除所有特权,给予或恢复每个公民充分的政治权利,尤其是包括财产权在内的神圣不可侵犯的自然权利,❸将会因为自然的解放而创造一片新天地。自然对人类的仁慈和善意只会受阻于社会的恶行,反过来社会之恶则源于忽略或者蔑视人的自然权利。但今天的我们都知道,人类经受的一些罪恶,无论如何都与事物本身的性质以及人性本身的软弱(更不用说恶习)密切相关。而像博布伊这样

---

❶ 参见1791年9月3日宪法,《人权宣言》第17条;1793年2月15、16日吉伦特派宪法第1条;1793年雅各宾派宪法,尤其是《人权宣言》第1、2条;1795年宪法,《人权宣言》第3条。

❷ 法国共和派的日历说明,热情的改革家想在法国开始一种全新的政体。奇怪的是,他们基于对气候的考虑,为一年中每个月设计了名称,不过除了法国,几乎没有其他国家可以采用,而且完全不适用于澳大利亚和新西兰。

❸ 对比1791年9月3日宪法,《人权宣言》中的前言和第2条,以及第16、17条。

的贵族代表在 1789 年并未认识到这一事实。❶

二、九月大屠杀和恐怖统治

1791 年 11 月，华兹华斯二次造访法国，并一直待到 1792 年 12 月。即使是个异乡人也一定能觉察到，自联盟节过后不到一年，幸福和愉悦的时代便已过去，大地上群情沸腾。国王的确已经接受了 1791 年 9 月 3 日的宪法。他至少在名义上，并且在一定程度上是实际的行政首脑。华兹华斯在 1791 年年底或 1792 年年初这样描绘巴黎的状况：

> 无论在
> 国民议会还是雅各宾俱乐部，我看到
> 在这两个喧闹鼎沸的大厅中，
> 革命的势力如抛锚的海船，在风暴中
> 东摇西荡。在巨大的奥尔良宫宇，
> 我穿过一道道拱廊，如同绕圈的小船，
> 游经接连成串的酒店、妓院、赌场、商店——
> 汇集恶痞与精英的圣地，
> 各类有无目的者都到此一逛。

---

❶ 华兹华斯即使到了晚年，兴许仍保持着对自然的信念，这在大部分现代思想家那里并不常见。

> 我凝目注视,以异国人的
> 耳朵倾听小贩的叫卖和演说家的
> 阔论,一片疯狂的喧噪!
> 还有频作嘘声的派别中人,全都眼神
> 炽热,成群或成双,或孤身一人。
> 各种由衷的表情,
> 希望,疑惑,恐惧,全都
> 在此流露着;而我细读着每一张脸,
> 每一种愤怒、懊恼、轻蔑的姿态——
> 都不能自控,全部一并排开,迎面相斥,
> 要压倒近旁的玩乐和放纵的闲散。❶

没有什么语言比这更真实地刻画了革命中的巴黎。需要注意的是,在激动的人群中,希望仍然混杂着怀疑和恐惧。

华兹华斯1791年年末或1792年年初离开巴黎。他在当时布满士兵的布洛瓦住了一段时间,并在那里结识了一些军官。

> 当时与我交往的,主要是些

---

❶ Hutchinson, p. 710.

第二章 华兹华斯对法国的了解

驻扎城内的军官:有几个见惯了
战场的刀光剑影,所有人都出身名门,
是法兰西的贵族。这批军官
虽性格各异,年龄不一,但每个人的内心
都被同样的精神支配着:
(只一人除外,后面会提到他的名字)
全都热衷于让熟饭复原为生米,
这是他们唯一仅存的心愿。 35
正因为此,他们并不惧怕
事态越变越糟,因为在他们
看来,最糟的已经来临;也不会有
任何事能使他们动摇,或能有一刻
让他们感到值得动摇,除非
事件的发展遂愿顺心。……

此间,
与我来往的军官都做着
战斗准备,意欲增援在莱茵河畔
武装集结的境外侨民,并联合
随时准备参战的外国敌兵。
这是他们的目的,未曾隐瞒;
他们怀着十足的渴望,等待

开拔前线的时机。❶

但在布洛瓦驻扎的军官中有我们前文提到的米歇尔·德·博布伊❷,他在战斗中死去——

> 为了自由,为抗击
> 被蒙骗的同胞;但这也是他最大的
> 福分,毕竟没看到日后国人的厄运,
> 也看不到我们——如他当年般
> 满腔热忱——如今的所见所闻。❸

这幅画面清楚地表明,从1790年7月的联盟节到1792年年初或年中,法国经历了骇人的变化,激发了各式各样的思想。"热衷于让熟饭复原为生米"的军事贵族联合外敌,与准备为法国独立而死战的共和派人士博布伊之间形成的对比,标志着整个国家遍布着信仰和理想不可调和的分裂。当时,共和主义者只是法兰西民族中的一小部分,但像博布伊这样的共和主义者代表着法国的爱国主义,而贵族反动派则全都是国家的叛徒。国王身后有军队官兵的

---

❶ Hutchinson, pp. 711, 712.
❷ 参见前文第 30 页。
❸ Hutchinson, pp. 715, 716.

第二章 华兹华斯对法国的了解

热情支持,即使在 1791 年,大多数法国人也很乐于通过国王来推行国家想要的改革。这些事实再次说明,如果路易十六具备一点君主该有的品德,也许就能成功地捍卫王位。所谓的历史宿命论常常是一种错觉。也许革命运动整体上的确不可阻挡,但这并不能证明这一运动给法国带来的灾难性转折不能通过国王的英明行为来避免。当然,不能总是指望一个国家的统治者就应该是超凡天才,无论他是国王、总统还是总理。如果路易拥有乔治三世❶那样顽强的勇气和狡猾的智慧,或者表现出像维克多·伊曼纽尔❷那样能够同情人民的愿望,接受比他更有能力的臣子的进谏,他可能会作为英雄而非革命的牺牲品而流芳后世。卡莱尔反复灌输了这样一个观点:路易十五去世后,君主制本身就在垂死挣扎。但是拿破仑的军事专制和他长期大受欢迎的传统表明,共和制在 18 世纪末的法国还没有深入人心。❸ 无论怎样,前面诗句中提到的"移民"政策,表明

---

❶ 乔治三世(George the Third,1738—1820),1760 年即位为大不列颠国王及爱尔兰国王,1801 年成为联合王国国王。——中译者注

❷ 维克多·伊曼纽尔(Victor Emmanuel,1759—1824),萨伏伊公爵和撒丁尼亚国王,1819 年成为詹姆斯党的不列颠王位觊觎者"维克多一世"。——中译者注

❸ "如果那时是亨利四世(Henry the Forth)或腓特烈大帝(Frederick the Great)在位,或者如果路易十六能找到一个像黎塞留(Cardinal Richelieu)、皮特(William Pitt)、加富尔(Count of Cavour)或俾斯麦(Otto von Bismarck)那样的大臣,法国就绝不会陷入(转下页)

37 贵族缺乏常识不亚于他们缺乏爱国情操,这无疑引起华兹华斯的愤慨。❶ 他们离弃法国,与外国侵略者结盟,产生了双重影响:一是撤走了准备支持国王的保皇党,这立即削弱了王室的力量;与此同时,由于试图倚仗外国军队恢复王权,他们又给境外移民及其为之而战的国王带来了不容饶恕的耻辱。

我们能和诗人一样感到难以描述这种危机。

> 唉!该去嘲笑那些向
> 未来的时代反映现实面貌的文字! ❷

同时我们也很能理解

> 这片土地到处充溢着狂热,
> 如蝗虫肆虐的原野,——卡拉,戈尔萨,
> 再补上成百个其他的名字,

(接上页)无政府状态。" Lecky, *Hist. of England*, v, p. 441. 莱基在这里没有全力反驳历史宿命论。一个简单的事实是,路易十六虽然拥有一些私人美德,但并没有展现出一丝做国王的天赋。可以想象,尽管路易十八没有什么可赞之处,但在 1789 年,他可能会比这位虽然年长但极其愚钝的兄长更好地捍卫王位。参见贝洛克关于路易十六性格的描述,Belloc, *The French Revolution*, pp. 37-45.

❶ 参见前文第 34 页。
❷ Hutchinson, p. 712.

第二章 华兹华斯对法国的了解

> 虽已被遗忘,再不被传扬,但都曾
> 声势显赫,如日复一日的地震般,
> 震惊着城市和乡村的每一个角落。❶

华兹华斯于1792年10月返回巴黎,距九月大屠杀过去刚一月有余。8月10日王室倒台,国王本人及其妻子和家人遭到监禁。雇用的暴徒蓄意谋杀手无寸铁、没有任何罪行的囚犯,已经理所当然地激起文明世界的谴责。屠杀不间断地持续了五天五夜。立法会议(Legislative Assembly)此时正在开会。无论是正直的"正义者罗兰"(Roland the Just),还是拥有不可置疑的精力和模棱两可的仁慈与善良的丹东❷,这些法国人民领袖都没有去终止,或甘冒生命危险去阻止那些最底层的雇佣杀手实施的谋杀。这些杀手的人数现已查明不足150人。据说是马拉❸安排

---

❶ Hutchinson, p. 712.
❷ 指乔治·雅克·丹东(Georges Jacques Danton,1759—1794),法国大革命初期的主要领导人,第一任公共安全委员会主席,和马拉、罗伯斯庇尔同为雅各宾派著名领袖。很多历史学家认为他是推翻君主制和建立法兰西第一共和国的主要力量。雅各宾派取得革命政权后,他与罗伯斯庇尔产生严重政治分歧,反对进一步扩大恐怖统治,遭到后者下令逮捕,被革命法庭判处死刑。——中译者注
❸ 指让-保尔·马拉(Jean-Paul Marat,1743—1793),法国政治理论家、医生和科学家,法国大革命时期著名的活动家和政治家,创办《人民之友》报,强烈捍卫穷人的基本人权,主张通过暴力屠杀换取社会稳定和革命果实,最终被一位吉伦特派同情者刺杀身亡。法国(转下页)

了这次屠杀,他至少可以找个可怜的借口,说自己多半是个疯子。几乎所有人都相信丹东最起码默许了暗杀策略,他认为这也许会恫吓到法国的敌人,并且肯定会提高自己领导的共和派的政治权力。❶ 我们不禁要问,这样可怕的罪行在像华兹华斯那样仁慈、智慧、有良心的人那里,会立即产生怎样的印象呢?他在谈及返回巴黎后的那段时间的文字里,回答了这个问题:

当然,在这之前

(接上页)新古典主义画家雅克·路易·大卫为其绘制了著名的画作《马拉之死》。——中译者注

❶ 关于九月大屠杀,尤其参见基内作品的第 376—391 页。"丹东也屈从于马拉;因为,尽管人们在 9 月的日子里到处可以发现丹东的影响,不过事实是他并非这一设想的首创者。他服从,他效劳,他羞愧地闭上了双眼,他任鲜血流干,他的双手沾上了永恒的污点;但被执行的并不是他的思想。" Quinet, *La Révolution*, i, p. 381. 并参阅 Taine, *La Révolution*, ii, 283, 284, and p. 284, note I。如果丹纳的说法可信,丹东对屠杀无疑负有道德责任。还可参阅 H. Belloc's *Danton*, pp. 185-7。人们完全无法相信,如果丹东做出选择,他不可能无法阻止由雇佣杀手进行了四到五天的屠杀。他只要授权和指导一百名武装分子就可以轻易对那些杀手实施逮捕。亦可参阅 Madelin, *La Révolution*, pp. 254-60。[埃德加·基内(Edgar Quinet,1803—1875),法国历史学家、诗人和哲学家,坚定的共和派人士,歌颂法国大革命。伊波利特·丹纳(Hippolyte Taine,1828—1893),法国评论家和历史学家,实证主义史学的主要代表,历史主义批评的开拓者,也对法国文学产生了深远的影响。希莱尔·贝洛克(Hilaire Belloc,1870—1953),法裔英国作家和历史学家,20 世纪初英国最多产的作家之一。——中译者注]

第二章　华兹华斯对法国的了解

也发生过可悲可叹的罪过，恶劣的
屠杀之作，其间竟有人祈求以无情的利刃
为判官；好在这已是往事，
此罪永不降于人间，当时以为如此——
短命的妖魔，不会重现，
不过是瞬间即逝之物。

过去的恐怖
纠缠着我，就像它要发生。
我想到九月的屠杀，仅仅
过去了一个月，它就在眼前，
似能被触知：其余的画面来自
悲剧的虚构或真实的史书，
犹存的记忆与朦胧的预感。
马儿学会重复性动作，
最无迹可寻的星辰也会重回旧轨；
飓风虽衰竭，大气又准备着
同样猛烈的后续；落去的潮汐
会再一次离开大海中的隐身处，
重又涌起；万物都会再现；
就连地震都不满足于一次的泄释。
就这样，我不断自言自语，

> 直至似乎听到一个声音，
> 对着全城的人们喊："不要再睡了。"
> 恍惚之中送出的声音，随着
> 这叫喊而清醒；但是，冷静中的见解
> 也不能确保我享有柔美的安宁
> 和甘甜的忘却。尽管四下里一片
> 悄然，全是静谧，但这样的地方
> 却不宜安眠，像一片未曾设防的
> 森林，老虎在林中游荡。❶

　　他完全被这些残暴的谋杀震惊了。他痛恨大屠杀的恐怖行为，因为"其间竟有人祈求以无情的利刃为判官"。不过有两种想法让他免于绝望：国家已冠上了共和的庄严名称并成立了机构；罪行也已结束。他希望这片土地永远远离这些罪行，它们就像稍纵即逝的怪物，昙花一现，随即死去。他怀着这个希望欣欣鼓舞地来到巴黎。对于今人而言，他们不太可能抱有这种充满希望的态度。但对华兹华斯和最崇高的革命领袖来说，这是自然而然的，或许可以说是不可避免的。必须记住，大屠杀期间华兹华斯并不在巴黎。痛恨屠杀的是吉伦特派。他们憎恶屠杀的丑陋罪行，

---

❶ Hutchinson, pp. 718, 719.

第二章 华兹华斯对法国的了解

这使得他们不可能和丹东结成联盟。但他们没有不惜一切代价阻止屠杀,这一可怕的软弱性当时很可能还不为人知,至少华兹华斯肯定对此还不清楚。

因此,他这样描述了恐怖分子的力量和恐怖活动的经过:

> 在法国,人们欢迎这新的敌手,❶
> 他们为了孤注一掷,都已根除了
> 心中的仁慈。先前善于诡辩的
> 暴君,如今都强大如魔鬼。
> 就这样,国土四面的敌军使他们
> 群情激昂,整个国家都变得疯狂;
> 少数人的罪恶扩散成多数人的狂热,
> 来自地狱的风暴竟变得神圣,
> 好像是天堂来的和风。
> 有些人笃信上帝,从来不怀疑因果惩罚;
> 有的人将人类智性奉为至尊,视其为
> 自己的神灵;有人着眼于未来,
> 甘愿以短暂的痛苦换来万世的极乐;
> 还有正义者的严肃、狂傲者无故的暴怒、

---

❶ 即英国的敌意已经发展成对法国的战争。

好事之徒轻浮的虚荣、怀疑之人的固执目的、
轻率者的频频闪失,以及人生中
所有不慎偶成的性情——
全都被卷入同一种事业,
全都忙于同一个使命。
惊骇中,参议院已麻木,
她的谨慎被遏制,智慧
被压灭,公正被吓怕,只有
狂徒不甘寂寞,歌颂过去的
暴行,并为新的铺平道路,
无人敢反对或缓和。
如今开始国内的屠杀,整整一年,
天天都似节日的狂欢。壁炉边的老人,
恋人怀中的少女,摇篮旁的母亲,
战场上的勇士,全都消失了,
全部——朋友、敌人,不同的
党派、年龄、阶层,一个接一个的头颅,
头颅再多也不能让宣判者满足⋯⋯

在这罪大恶极的深渊中,
即使有头脑的人也常忘记
今天的他们获生于何方,忘记了耳边

> 曾响起自由神巡游人间的脚步声;
> 然而,一切罪恶都借用她那
> 清白的名声,否则,没有这神圣的
> 名义,也不会发生如此暴行。❶

这些深具含义的诗句是对雅各宾暴政的总结。华兹华斯对恐怖活动的回忆引发并部分回答了三四个问题,我们很有必要对此仔细考察一番。

首先,他的描述是否有夸张之嫌?

这个质疑会遭到最有力的否定。为了支持这一观点,让我援引摩尔斯·斯蒂芬斯❷先生的《法国大革命》(*The French Revolution*)中的两段话:一段涉及巴黎革命法庭执行的判决,另一段则关乎恐怖活动在巴黎之外产生的影响:

> 从1793年4月15日在布兰切兰德(Blanchelande)处死第一名受害者,到这年9月末,24个星期内有66人被法庭判处死刑并处决,几乎平均每周处决3人。从

---

❶ Hutchinson, p. 723.
❷ 摩尔斯·斯蒂芬斯(Morse Stephens,1857—1919),英国历史学家,曾任教于牛津大学、剑桥大学,1894年移居美国,担任过1915年度的美国历史学会会长。——中译者注

10月初到1794年6月9日（牧月21日），36个星期内有1165人被判死刑并处决，平均每周处决人数超过32人。从每月显示的数字来看，这种增长是逐步的，而非突然的。尤其令人震惊的是，从1794年牧月22日（6月10日）到热月9日（7月27日）的7个星期里，有1376人被送上了断头台，平均每周处决人数超过196人。这些数字无须评论，其本身就显示出恐怖统治是如何稳定地不断加重，以及最终发展到何种程度。❶

综上所述，看来恐怖行径主要局限于外省，一些地区和城市受损严重，其他地方则并非如此。根据贝里亚特·圣·普里克斯❷先生给出的数字，死于断头台、"溺刑"❸（noyades）和"枪击"（fusillades）的人数达到16000。不过这个数字并不可信，因为后两种处决方式属于**集体执行**（en masse），简单粗暴，我们并不知道、可能永远也无法知道确切的死亡人数。此外，他还把围攻里昂和马赛期间的死亡人数算进来并以整数计，而这些战死沙场之人当然不能算作受害

---

❶ Morse Stephens, *The French Revolution*, ii, p. 548.
❷ 贝里亚特·圣·普里克斯（Berriat Saint Prix，1769—1845），法国法学家、文学家。——中译者注
❸ "溺刑"，从1793年11月—1794年2月，法国南特发生将犯人大规模溺死的事件，被处死的多为不支持革命或同情保皇派的人。——中译者注

者或殉道者。瓦隆❶先生和贝里亚特一样，笔调中明显反对执行任务的代表，但他的判断总体而言相当准确：在罗伯斯庇尔倒台前，各省总计有14807人被判死刑，在此之后有326人。❷

的确无须评论。华兹华斯对恐怖事件凝练而真实的描述无须经由丹纳❸和基内❹提供的大量证据来证实。

其次，造成恐怖统治的原因是什么？

从历史的角度看，华兹华斯的一大优点是迫使我们看到这些原因的复杂性。我们必须考虑到一些暴君的野心"强大如魔鬼"，考虑到"来自地狱的风暴竟变得神圣/好像天堂来的和风"，考虑到正义的严酷性，考虑到狂热分子会充满激情地欢迎"因果惩罚"的时代，考虑到热忱主义者会想以短暂的痛苦换取长久的乐园，考虑到蛮横之人盲目的愤怒和阴谋家的自负，以及生命中成百上千的变故，

---

❶ 指亨利-亚历山大·瓦隆（Henri-Alexandre Wallon，1812—1904），法国历史学家、政治家，曾在法兰西第三共和国的建立过程中发挥重要作用。——中译者注
❷ Morse Stephens, p. 411.
❸ 参见 Taine, *La France Contemporaine, La Révolution*, ii and iii。
❹ 参见 Quinet, *La Révolution*, ii, especially pp. 132-342。我对我的朋友摩尔斯·斯蒂芬斯先生的论述很有信心。他对革命史的了解非常详细，熟悉他著作的人都认为他愿意强烈谴责恐怖主义者及其政策。

所有这些共同促成了一场残酷无情、恐怖异常的事变。

同时，他以政治家的睿智非常确定地指出一个事实，正如现在每个公正的历史学家所看到的那样，虽然没有为恐怖统治提供证明，但在很大程度上提供了解释。这个事实就是，外国军队入侵所取得的胜利威胁到法国的独立，并且有可能导致法国局部地区的分裂。在1789年，法国的爱国主义既不是第一次，也不是最后一次成功地为政府注入新的力量。无论这个政府叫什么，有什么样的罪行，它都在竭尽全力击溃反动派支持的外国侵略者，而这些反动派执意要恢复旧制度最恶劣的特征。

再次，为什么法国人默许了恐怖统治的发生？

这是个令人费解的问题。因为法国的共和派在整个革命运动中很明显只占一小部分。而且可以肯定的是，不管是恐怖活动发生时，还是活动停止后，大多数法国人对此都非常痛恨。对于这一问题，华兹华斯为我们提供了两个答案，尽管这两个答案并没有构成全部的真相，但就其本身而言是真实的。首先，只要战争一直持续下去，那些想要推翻雅各宾派的人就无法攻击巴黎的独裁者，因为那样会削弱法国军队，将国家暴露在普鲁士、奥地利和英格兰的军队面前。因此，当恐怖分子变得像魔鬼一样强大时，他们的对手就以相同程度失去了抵抗的力量。恐怖分子的每个敌人看上去都像是国家的敌人。

第二章 华兹华斯对法国的了解

拉法耶特❶终其一生都是热爱自由的共和派的偶像,有志于扮演华盛顿的角色;迪穆里埃❷是一位干练的士兵和圆滑的外交官,企图提前占据拿破仑后来的位置;丹东在很多作家眼中被视为革命主义者中的政治家;吉伦特派尽管在议会中拥有雄辩的口才,并且充满有德之志,但是每当他们攻击雅各宾派时,全都不得人心,遭遇失败、覆灭,大多数情况下还面临死亡。当罗伯斯庇尔最终被成功袭击,立即失去了权力和性命时,袭击者和他一样坚定地承诺要抵抗外国侵略者。值得注意的是,取得圆满成功的外国势力,其入侵的威胁每天都在不断降低。在法国获得安全之前,那些试图终止恐怖活动的人自己也饱受折磨,担心他们对巴黎专制统治的破坏可能意味着法国的失败和毁灭。毫无疑问,被罗伯斯庇尔以叛国罪送上革命法庭的男男女女,对他们的指控往往是没有根据、不符事实的,但即使是他们当中最勇敢的人——比如丹东,在意识到自己被包围的群众当作卖国贼时,

---

❶ 指吉尔伯特·杜·莫提耶,拉法耶特侯爵(Gilbert du Motier, Marquis de Lafayette,1757—1834),法国贵族将领,支持并参加美国独立战争,是1789年法国大革命和1830年七月革命中的关键人物。——中译者注

❷ 指查尔斯-弗朗索瓦·杜·佩里埃·迪穆里埃(Charles-François du Périer Dumouriez,1739—1823),法国大革命时期的著名将领,曾于1792年击败普鲁士、奥地利部队,但后来叛逃到奥地利。——中译者注

肯定也感到气馁不已。

其次，华兹华斯真正看到并指出，就像法国每次经受的灾难一样，造成恐怖的原因，远非当时当下的情况所导致，而是由于

> 世世代代
> 积蓄下来的罪孽与愚昧，如巨大的
> 水库，再不能承受那可怕的重负，
> 突然溃决，洪水就此泛滥全国。❶

这句话可以有多种解释，华兹华斯带着"虔诚的谦卑"将其归因于他具备古代先知赋予的精神。然而，无论最明智的现代历史学家如何解释，它们都表明这位诗人凭着直觉已经意识到，罪大恶极的恐怖统治与过去世代的罪行息息相关。雅各宾派继承了最坏的传统，并以夸张的形式复活了古代君主制❷中最暴虐的习气；而体面的中产阶级过去习惯于恭顺地服从国王的仆人，现在同样恭顺地服从任

---

❶ Hutchinson, p. 725.
❷ "人们拿起过去的武器来捍卫现在。路易十一的铁笼和特里斯坦·埃尔米特（Tristan l'Hermite）家族，黎塞留的绞首架，路易十四的大规模流放，那就是从革命中获得的宝藏。通过恐怖手段，新人突然在毫不知情中成了古人。" Quinet, *La Révolution*, ii. 195.

第二章　华兹华斯对法国的了解

何一个暂时在巴黎取得统治权威的势力。❶

值得注意的是，华兹华斯很可能在留居法国那年之前就已听说过伯克，并且可能对他敬佩有加。他得知伯克反对一切建立在抽象权利和极度荒谬基础上的体制，宣称只有时间才能让庄严的制度与法律变得神圣。❷

华兹华斯在法国问题上比他的老师伯克更明智地采用了历史方法。他记得革命的罪行与**旧制度**的弊端密切相关，而伯克从未正确理解这一点。他看到每次对法国独立的攻击都让法国人聚集在雅各宾派周围，尽管他们如此残酷无情，却是国家的捍卫者，这一点也被伯克（更难原谅地）忽视。

说来奇怪，我们也许可以从戈德史密斯那里获得法国人默许恐怖统治的另一种解释。（戈德史密斯对法国人默许恐怖统治的做法给出了另一种奇怪的解释。）他充分意识到，同情之爱既是法国人的性格弱点，也是其魅力所在：

> 这给他们的愚蠢留下提升的空间；
> 因为太过喜欢或热烈追求的赞美，
> 会削弱思想的所有内在力量。
> 而软弱的灵魂，自内不被赐福，

---

❶ 这种唯命是从的传统大大解释了人道的巴黎市民没有能力终止或惩处九月大屠杀。尤其对比 Quinet, i. 376-86。
❷ 参见后文第 68 页。

将所有的愉悦倚赖于另一个胸膛。

....

时过境迁，自我赞同的坚定价值
没有分量，思想仍然在转变。❶

但是，同情之恐惧是一种和同情之勇敢一样强烈而真实的情感，正是这种热烈的同情心曾经领导并正在领导着法国军队在战场上走向英雄般的胜利。在恐怖统治期间，巴黎民众中最杰出的人物都在抵抗武装的侵略者，这种同情心在恐怖主义者的镇压下、在普鲁士和奥地利军队看似得胜的前进中，很容易转变成同情之恐慌。

最后，恐怖统治拯救了法国吗？

对于20世纪的英国人来说，这个问题似乎不值一提。我们把恐怖活动简单地看作是可憎的。常识和一般的人性对此判定一致。没有人曾有哪怕一刻相信过大屠杀——用贝洛克通俗易懂的话来说，9月的"杀戮"——阻止了普鲁士人向巴黎行进。现在不会有人严肃地认为，处决没有任何罪过的无辜男人、女人，有时还有小孩，真的有助于保卫法国。然而，恐怖带来的惨状让一些人不愿相信处决成千上万的无辜者竟没有为法国或世界带来任何好处。恰好，英国人对

---

❶ *The Traveller*, Goldsmith's Works, ii. 47.

恐怖统治的观点也主要来自卡莱尔对大革命充满戏剧性的描绘，而根据卡莱尔《法国大革命》一书的资深编辑：

> 卡莱尔很自然地犯了一个大错，他就算没有把胜利归因于恐怖统治，也把恐怖和胜利归结为同一个理由。法国现代最伟大的历史学家索雷尔先生❶对历史学的最大贡献就是证明了胜利的原因不是恐怖，而在于将其置之度外。❷

无论如何，华兹华斯没有一个字是支持恐怖主义者，或者为他们开脱罪孽的。

三、罗伯斯庇尔的倒台及其对华兹华斯判断的影响

在湖区（Lake country）一个风和日丽的日子，罗伯斯庇尔倒台和死亡的消息传来，华兹华斯如此记录了当时的心情❸：

---

❶ 指阿尔伯特·索雷尔（Albert Sorel，1842—1906），法国历史学家，在法国大革命研究方面贡献颇著。——中译者注
❷ Carlyle's *The French Revolution*, edited by C. R. Fletcher, pp. 148, 149.
❸ 罗伯斯庇尔的专制权威是法国大革命展现的最难以理解的现象之一。他被公认为没有多少思想力量，这一点实质上得到卡莱尔、基内、丹纳和晚近的贝洛克等不同作家的一致认同。他缺乏领袖人物（转下页）

49
>我欣喜若狂，深深地感激万世
>永生的正义女神，刚刚的昭告
>证明了她的存在。"来吧，黄金时代，
>该你们了"，我向着空旷的沙原
>尽情吟咏胜利的赞歌，"来吧，
>就像黎明从黑暗的怀抱中走出来；
>时至今日，我们的笃信终得到验证：
>看吧！那些笨手笨脚的狂徒，
>开出了一条血河，并声称
>唯此才能清洗奥吉厄斯王的牛厩❶，
>而如今却都被自己的帮凶灭除；
>他们已自证是疯子，明白无误；
>人们将另寻平安之地，世界
>将以坚定的步伐迈向公正与和平"。❷

（接上页）普遍拥有的体格和勇气。尽管如此，雅各宾派肯定还是拥戴他的，而在他倒台前，很多观察者认为他的权威也许会一直维持下去。至少深富洞见的拿破仑相信这点。作为当时对人性最具判断力的法国人，拿破仑寻求并得到了罗伯斯庇尔的赞助，而他绝不会让自己依附于一位权势看起来摇摇欲坠的恩主，因为和两位罗伯斯庇尔的关系会把自己的生命置于危险境地。

❶ 奥吉厄斯王的牛厩（Augean stable），希腊神话中的厄利斯国王奥吉厄斯拥有大批牲畜，但30年来从未打扫过他的牛厩，极其污秽，赫拉克勒斯的十二项功绩之一就是在一天之内清洗奥吉厄斯王的牛厩，这个俗语后来用来形容最肮脏的地方。——中译者注
❷ Hutchinson, pp. 726, 727. 这首胜利的赞歌让现代评论家（转下页）

第二章　华兹华斯对法国的了解

我们在此暂且不谈《序曲》从历史到传记层面的重要性。

我们必须注意到，即使恐怖统治的后果，也未曾让华兹华斯对法国产生短暂的绝望。他信任的吉伦特派被判死刑，也未动摇他祝福自由的信心，这足以证明他具有健全而冷静的理智。在他眼中，只要英国是在反对法国独立和法兰西人民的自由，他就从未有一刻停止过公开谴责英法之间的战争。即使是雾月十八日政变，在华兹华斯心里引起的愤怒可能也比不上一些辉格党人，而他们对法国的了解还不如他透彻。1802年，他仍然

> 为拿破仑感到徒劳的悲伤，
> 不假思索的悲伤！❶

对此，他没有说错多少。他知道推翻督政府是要把法国从目无法纪、专横残忍得像恐怖分子的统治者手中解放

（接上页）感到困惑。他们弄不清楚华兹华斯在革命开始时的喜悦多大程度上仍占据着他的想象；他们为华兹华斯在历经恐怖惨况后，竟仍充满希望地相信这片土地可以"以坚定的步伐迈向公正与和平"而感到讶异。但正是这种了不起的希望实际构成了华兹华斯大多数的力量，而它也是一种美德，对所有注定在乱世中指引人类的人来说具有不可估量的价值。

❶ Hutchinson, p. 304.

出来，他们远不如能为法国带来安全和繁荣的拿破仑。他在加莱写作的诗中，把破坏年轻拿破仑庆生的不现实场景，和联盟节的真实热情加以对比：

> 我的青春在此见证
> 很多其他景象，在一个更骄傲的时代；
> 没有意义的喜悦在那时却是崇高的！
> 他是幸福的，不用关心教皇，
> 执政官或国王，听起来自己知道
> 人的命运，并充满希望地活着。❶

华兹华斯对法国的希望产生动摇——尽管对自由的信仰从未动摇，既不是因为拿破仑**政变**，甚或不是因为他在国内的专制统治，而是出于这样的事实：

> 可这时，法国人自己
> 成为压迫者，将自卫的战争
> 变成侵略的远征，全然忘记他们
> 曾为之奋斗的一切，竟在光天化日
> 之下，爬上自由的天平。❷

---

❶ Hutchinson, p. 304.
❷ Ibid., p. 730.

第二章 华兹华斯对法国的了解

以及

> 当悲剧（称其为悲剧，
> 唯此才能满足他们的梦想）
> 最终结清和封存了法兰西的收益，
> 他们请来了教皇，给一个皇帝加冕——
> 这件事是一个耻辱，因为那个民族
> 曾心怀诚善的仰望，似企盼
> 上天赋予她精神的食粮，但此时
> 我们却见她效仿犬类，竟舔食
> 自己的呕吐之物；因为那太阳曾在
> 壮丽霞光中升起，生机勃勃，美丽的
> 云彩是天然的侍从，伴其欣然
> 移游，而此刻他尽失神赐的功能——
> 变作一件摆设或道具，如剧院中
> 垂挂的影像，一头栽落。❶

需要注意恐怖统治和整场革命对华兹华斯的影响。这表明他具备政治家冷静而坚定的判断力。一位评论家颇有见地指出了这一点："当第一轮风暴过后，正是他永不停

---

❶ Hutchinson, p. 732.

息的自制，让他坚定地面对自内而发的每一个缺点，以及每次民政的希望被外部轻易强加的因素破坏时的挫败。经历过火热的革命审判和拿破仑专制，他明显一贯保持着比所有同胞更健全的判断和更英勇的性情，也许在全欧洲都少有人如此。"❶ 这直抵所有事物的根源。一位 21 岁的年轻人"在与他有关的所有人都失去理智时，保持着头脑清醒"，却由于一个几乎让人觉得好笑的历史错误（源于狂热的党派激情），被当作观念剧变下的受害者，有时也被刻画成一名几近背叛或变节之人。事实很简单，华兹华斯几乎从未改变过对大革命的情感。他完全感同身受于那个令人震撼的时代的美好希望。与他私交甚密的政治朋友的毁灭和死亡，并未动摇他对世界正在走向公正与和平的强烈希望。因此，他怀着两个矢志不移的信念离开了法国。一个是法国和其他所有独立国家一样，有权自主选择自己的政府形式；另一个是英国作为自由之邦，和君主同盟一样没有任何权利侵略法国，这些君主无非想把某种让她厌恶的政制强加其身，期望掠夺她的部分领土而已。读者若是想要理解华兹华斯在 1802 年的政治观念，就必须始终牢记他在 1792 年怀有的这两个坚定信念。

---

❶ *Modern Language Review*, article by C. Vaughan, vol. xi, pp. 487, 488.

第三章 华兹华斯政治信念的发展（1792—1802）❶

1792年年底，华兹华斯从法国回到英格兰。当时他还是个不满22岁的年轻人，寂寂无闻于众。在家人眼中，他也许是个聪明的年轻人，但没有能力安定下来从事任何可以谋生的职业。他公开宣称是个共和派——而此时此刻任何一位民主人士都被正派的英国人称为雅各宾党人——并被立即怀疑犯有宗教不虔诚和政治叛国罪。他没有任何办法影响公众舆论，但对公众事务怀有独特的浓厚兴趣。1793年，他以写信给沃森主教❷的方式精心创作了《为法国大革命申辩》，后者尽管是辉格党人，却在一篇公开发表的布道文附录中攻击了革命领袖的行为和政治原则。华兹华斯的《为法国大革命申辩》写得遒劲有力，

---

❶ 参阅 Acland, *Patriotic Poetry of Wordsworth*, and *Tract*。
❷ 参见 Grosart, i, p. 3。

表明他在 1793 年总体接受 ❶ 了所有法国革命主义者持有的信念。如前所述，华兹华斯最坚定的信念是，法国有权自行选择自己的政府形式，英国则无权在 1793 年入侵法国，将后者所憎恶的政体强加其身。他终生坚守这些信念。1802 年，华兹华斯刚过 31 岁，作为诗人和思想家的能量正值巅峰。他开始敦促英国有必要也有义务对法国发动一场无情的战争，来推翻拿破仑的专制统治，因为这一专制统治威胁到英国和其他所有仍然拥有，或宣称拥有民族独立的欧洲国家的自由。我的目标是思考和解释华兹华斯从 1793 年（英法宣战）到 1802 年（《亚眠和约》❷）间政治信念的发展，而非其变化。他的信念使他不仅自然而然而且几乎不可避免地认为，1793 年极其厌恶英法战争的人，应当在 1802 年全心全意坚持英国有必要或毋宁说有义务向拿破仑宣战，尽管这个专制暴君得到了法国民众的支持。

---

❶ 这本小册子的语气在某些方面较为节制（参见 Grosart, p. 10），尽管华兹华斯实际上对伯克怀有敌意，但他在阅读伯克时可能已经开始无意中采用了后者的一些政治哲学。参见后文第 59—70 页。《为法国大革命申辩》直到华兹华斯去世后才出版。

❷ 《亚眠和约》(*Treaty of Amiens*)，英法两国于 1802 年 3 月 25 日在法国北部城市亚眠签订的休战条约，标志着第二次反法同盟的破产，英国承认了法兰西共和国。该条约仅仅生效一年，却是欧洲自 1793—1814 年唯一一段和平时期。——中译者注

第三章 华兹华斯政治信念的发展(1792—1802)

要想理解华兹华斯的政治学说在本质上的一致性,我的读者必须记住三个重要情况。

第一,1793年2月,英法两国宣战。

英国的这一举动在华兹华斯看来犯了政治错误和道德罪行。对他而言,英国显然正在加入一个并不关心自由的君主团体,企图将法国人民拒绝的政府形式强加给这个国家。为了支持华兹华斯的观点,我将对此详加说明。他无疑倡导并预见到英国政治家自他的时代以来普遍采用的做法或规则,他们一次又一次地看到不干涉法国人民选择最适合他们的政府形式的权利有多明智。华兹华斯还注意到,敌军的挺进毫无疑问大大增强了恐怖主义者或任何已经统治巴黎的领导人的力量。皮特❶承认不愿发动战争,他接下来几年——直到1802年之前都在努力与法国进行和平谈判,这些都表明他认为战争应推迟到明显需要捍卫英国之时再进行。《亚眠和约》本身说明皮特1793年发动的战争未能达到目的。拿破仑统治的法国远比1793年革命主义者治下的法国强大得多。❷然而,像皮特这样在1793年就已

---

❶ 指小威廉·皮特(William Pitt the Younger,1759—1806),18世纪晚期、19世纪早期英国著名托利党政治家,24岁起担任乔治三世治下的英国首相,1801年辞职,三年后再次出任首相,1806年死于任上。——中译者注

❷ 麦考莱1844年的冷静判断与华兹华斯1793年的热情洞见基本一致。参见 Barère, Macaulay, *Writings and Speeches* (ed. 1871), pp. 296, 297。

将法国视为意欲扩张领土的侵略势力的大臣,并非没有理由认为战争势在必行。否认这一点对他们并不公平。但此处无须确定英国支持或反对战争的人(像华兹华斯这样)总体上是否正确。我的直接目的是要表明,英国的宣战对华兹华斯的信念产生了巨大影响。就此而言,我们最好尽可能使用华兹华斯自己的语言描述他的情感。

法国在革命伊始就赢得了他的欢心。他深信法兰西的繁荣将会促进人类的福祉。因此,他一度失去了对英国事务的兴趣,甚至对英国人没能废除奴隶贸易都漠不关心。❶

> 因为我带着一个信念回来:
> 如果法兰西的事业一帆风顺,善良之人
> 对人性的敬重就不会总成无用之功;
> 人类耻辱的这一枝杈虽最为
> 腐朽,似是额外添加的伤痛,
> 但若大树被伐,它也会一同倒落。❷

他仍然冷静地忠诚于自己的祖国。

但是英国宣战让他震惊而愤慨。他的文字对此表达得

---

❶ 可能在 1791 年。
❷ Hutchinson, p. 722.

第三章 华兹华斯政治信念的发展（1792—1802）

清楚无疑：

> 可是，当不列颠武装起来，拿出
> 自由之邦所具有的力量，加入
> 反对法国的同盟中，这时我该
> 作何感想！哎，可叹，可耻！
> 我发现，从此刻起，不光我自己，而是所有
> 纯朴的青年都经历了心灵的变化与破损。❶
> ....
> 哦！许多事情该由他们做出
> 解释，是他们采用粗暴的手段，
> 断然夺去英格兰那些最杰出
> 青年对英格兰的自豪与喜爱。
> 在这个时代，最惨重的失败反而更易享有
> 最美的名声；对国家之爱竟甘愿
> 恭敬退让，就像那先驱的所为，
> 尽管是他通报那个神灵的到来；
> 这年月，对古老信念的背弃
> 似乎是为了改信更高的主义；
> 危险和癫狂充斥于如此时节，

---

❶ Hutchinson, p. 722.

> 一时间贤明的经验老人急着
> 不知该从哪排树篱上掐来花朵，
> 织环而冠，全不顾
> 他那鬓发苍苍的容颜。❶

对法国的热爱成为华兹华斯的一种激情，而对祖国的忠诚则变成他对与压迫者结盟的英国产生的某种类似于憎恨的情感。这种情感并不过于强烈：

> 不久后我确曾欢悦，为我灵魂的
> 胜利而满腔欢喜，但是，最痛苦之事
> 莫过于将如此事实记录下来！
> 因为那是成千上万的英国人
> 被击溃，并不光荣地黯然退场，
> 或者，好一群勇敢的心！都不顾
> 脸面，望风而逃。❷

再来看一下他描述自己在某个乡村教堂时的感情：

---

❶ Hutchinson, p. 722.
❷ Ibid.

第三章 华兹华斯政治信念的发展(1792—1802)

> 当教民们共同向他们的
> 圣父膜拜,祈祷或赞美
> 我们国家的胜利,或许只有
> 我一个人闭口不言,坐在那些
> 朴实的礼拜者中,像个没人邀请的
> 不速之客,而且只偷食异念,盼着
> 那尚无踪影的复仇之日的到来。❶

最后来看一下华兹华斯描述自己的内心活动——对英国攻击法国自由而感到义愤填膺:

> 我有生以来第一次被赶出爱的围栏,
> 情感从根子上枯萎,腐烂,
> 并非如刚才所说被更强的感情
> 吞没,而是变成截然对立的
> 情绪。就这样,我走上通往谬见
> 和误判的道路,程度上与先前之错
> 同样严重,却属于更危险的类型。❷

---

❶ Hutchinson, p. 722.
❷ Ibid., pp. 729, 730.

华兹华斯一方面天然地热爱英国,另一方面又强烈地同情法国(只要她是自由的捍卫者),这种严重冲突对他而言就是战争的悲剧。

第二,在某个不太确定的时刻,但最迟可能不晚于 1798 年,华兹华斯清楚地意识到法国已经不再是国家自由的捍卫者,而是攻击者了。

> 可这时,法国人自己
> 成为压迫者,将自卫的战争
> 变成侵略的远征,全然忘记他们
> 曾为之奋斗的一切,竟在光天化日
> 之下,爬上自由的天平。❶

华兹华斯起先确实拒绝承认这个不受欢迎的结论,而且一度比以往任何时候都更强烈地坚持自己的旧观点。不过,他对实际情况的敏锐眼光让他尽管不情愿,但却接受了这个结论,即法国不再为独立而战,而是为征服而战。从 1798 年起,这种信念的强度随着每年发生的事件不断上升,事实上早在 1804 年的大灾难发生之前,他就牢固树立了这一信念:

---

❶ Hutchinson, p. 730.

第三章 华兹华斯政治信念的发展(1792—1802)

> 最终结清和封存了法兰西的收益,
> 他们请来了教皇,给一个皇帝加冕。❶

在这一事件之前,实际上在 1798 年后不久,当华兹华斯意识到对法战争的性质已经改变时,他对英国的拳拳爱国之情就得到了恢复和增强。他的"露西组诗"不管产生于何种环境,无论是真实的还是虚构的,都创作于 1799 年的德意志。我们可以肯定,下面这节诗——

> 我曾在海外的异乡漫游,
> 身处陌生人之中;
> 英格兰哪!只有到那时候,
> 我才明白了爱你之深。❷

表达了华兹华斯对祖国的热爱,尽管这种爱有所差别。然而请注意,驱使诗人在 1800 年之后力促与法国开战的这份情感,并不意味着他从 1793 年到大约 1798 年持续谴责对法战争的力度有所减弱。我们看到环境发生了变化,但他

---

❶ Hutchinson, p. 732.
❷ Ibid., p. 109. [此处翻译参考黄杲炘的译文,略有改动,参见《华兹华斯抒情诗选》,黄杲炘译,上海:上海译文出版社,2000 年,第 164 页。——中译者注]

的原则没有丝毫改变。

第三，华兹华斯的政治信念逐渐深受伯克教义的影响。

这个说法乍看起来像在维护一个无可救药的悖论，但实际上在评价华兹华斯1802—1805年的政治学说时，却是一个不应被忽视的真理。从表面上看，这两位杰出人物的事业与观点的确相去甚远，没有多少相似之处。伯克作为议会议员声名鹊起，生活在议会论辩的氛围里。他卷入党派斗争和政治阴谋（二者往往是同一回事）的程度要比他的崇拜者所希望的多得多。他是非常出色的文人，其演讲和著作构成了英国文学中经久不衰、为人广泛阅读的一部分，但他从未发表过❶一首英国人能熟知或牢记的诗歌。另一方面，华兹华斯对英国政治中的议会方面一无所知。他是位教师❷、先知和诗人。据我所知，他从未发表过一次公共演说。在较短一段时期内（最长不超过13或15年），他曾试图通过为数不多的作品引导国家的公共生活。他的爱国十四行诗在英国诗歌中出类拔萃；只要仍然有人对英国议会史感兴趣，他的《论〈辛特拉协定〉》❸

---

❶ 关于伯克寄给一位朋友的诗作，其副本参见 Morley's *Burke*, p. 8。

❷ 他给一位朋友写道："我没有写得如肤浅的观察者和不假思索之人的水平。每个伟大的诗人都是教师：我希望要么被视为一位教师，要么什么都不是。" Harper, ii. 158.

❸ 《辛特拉协定》（*Convention of Cintra*），英国和法国于1808年在葡萄牙艾斯雷特玛杜拉省辛特拉的克鲁斯王宫（Palace of Queluz,（转下页）

第三章 华兹华斯政治信念的发展（1792—1802）

（*Tract on the Convention of Cintra*）就会吸引一定数量有思想深度而又聪明的读者。但没有人会怀疑华兹华斯的千古之名得自于他的诗歌。此外，在华兹华斯漫长的一生和伯克相对短暂的生命里，二人在他们讨论过的最重要问题上持有截然相反的对立意见。伯克从一开始就不信任地看待法国的一系列行动。他常被认为对法国大革命"没有片刻的热情，也没有后悔的同情"。❶ 而华兹华斯从未忘记那段活着就是幸福、年轻就是天堂的早年时光。❷ 攻占巴士底狱、联盟节、罗伯斯庇尔倒台时善良之人的欢畅和他自己的强烈喜悦，这些回忆都被这位诗人和思想家所珍视，他比几乎所有其他英国人都更深情地分享了革命斗争早期的欢喜与希望。即使在1793—1794年间写给沃森主教的信中，他作为见证者在情感上仍是个共和派和吉伦特派。然而即便如此，伯克对他的影响依然毋庸置疑。支持这一论断的证据非常充分。华兹华斯写于1793年的《为法国大革命申辩》简单直接，而发表于1809年的《论〈辛特拉

（接上页）Cintra, Estremadura）签订的和约，战败的法国军队得以全身而退。是年8月21日，阿瑟·韦尔斯利（后来的威灵顿公爵）指挥英葡联军在维梅罗击败了法国军队，但是英军新到的指挥官放弃乘胜追击，反与法军展开和谈，并于8月30日签订了《辛特拉协定》，允许在葡萄牙的两万多名法国士兵携带战利品和弹药搭乘英国船只返回法国。——中译者注
❶ Morley's *Burke*, p. 145.
❷ 见前文第21页。

协定〉》则文体复杂，二者形成的对比需要一些解释。区别近在咫尺：《论〈辛特拉协定〉》读起来就像一位多年沉浸于伯克作品的读者所著。热情的崇拜者宣称《论〈辛特拉协定〉》无论对错，都确实和伯克最好的作品一样雄辩闳辩；而不那么狂热的批评家可能会觉得，华兹华斯写给沃森主教的信所体现的简洁、有力和直接，比《论〈辛特拉协定〉》中冗长复杂的句子更自然，也更适合小册子作者的写作目的。华兹华斯最新的传记作者的确承认，"华兹华斯的小册子高度雕琢的文风使其迄今，而且可能永远不会被大量阅读"❶，加上书中句子"常常溢满一整页"——这是对该书文体最严厉的谴责，而以这种文体表达的令人印象深刻的思想旨在引起公众注意。一本写给所有具备阅读能力的英国人的小册子，必须是为了被人阅读而著，因此当然不能因为很多英国读者难以理解而被赞扬。华兹华斯可能真的模仿了伯克思想的复杂与厚重，但伯克从来没有写过一句让任何受过教育的英国人难以理解的话。无论如何，《为法国大革命申辩》与《论〈辛特拉协定〉》在文体上的反差确实表明华兹华斯受益于伯克。而考虑到华兹华斯在著名的《论〈辛特拉协定〉》中展现的思维方式与伯克的总体思想轨迹具有相似性，这种从文体得出的推论

---

❶ Harper, ii. 181.

第三章 华兹华斯政治信念的发展(1792—1802)

得到了强化。不可否认的是,华兹华斯从他的老师那里学会了欣赏我们现在称之为历史方法的东西。但是同样重要却较少被观察到的是,华兹华斯和伯克一样(在某种程度上来自伯克)具有一种被莫利勋爵❶恰当地称之为"神秘主义"的倾向。这一含糊的表达最好地命名了一种本质上就很模糊、无法准确定义的情感。演说家和诗人都对神秘之物有着敏锐的感知,而神秘是智者思考一切重大问题的基础。我们最好通过举例而非定义来说明这点相似之处。在伯克最明智的作品中,也就是所有与美国事务相关、可能旨在与美国达成和解的小册子或演讲中,他所有的论点都基于对人性的深刻探究。伯克试图让他的英国听众牢记一个事实,即新英格兰居民从他们的清教徒祖先那里继承了公民和宗教事务中的独立传统,肯定会抵制并不代表他们的英国议会任何企图强加给他们的税收负担,无论那有多么微不足道。他还指出,尽管很多南方种植园主属于英国国教会,也会仅仅因为他们是奴隶主,就觉得一个白人无论贫穷或富有,都是贵族的一员,并且每个白人都会誓死抵抗议会任何干涉完全独立的要求。而对于他这样一位自由公民的尊严而言,这种独立至关重要。伯克试图说服

---

❶ 指约翰·莫利(John Morley,1838—1923),英国自由主义政治家,曾任印度事务大臣、枢密院议长,同时也是一位作家和编辑。——中译者注

普通的英国民众，通向和解的一条道路是了解 13 个殖民地的公民的性格和情感，不过他徒劳无获。大约 35 年后，华兹华斯试图更努力地劝服当时的英国人，要想发挥联合西班牙半岛居民共抗拿破仑的充分优势，唯一的途径就是研究和了解他们的性格、情感，甚至他们的偏见。简而言之，这一策略应当基于对人性的了解，只是他并未成功。再来看另一个可比之处。伯克清楚政客们的本来面目。他坚信，在管理重大事项、处理一个国家历史上任何的突发危机时，没有谁比那些精于一般业务或政治管理小伎俩的普通官吏更不值得信任了。思考一下伯克 1774 年说的这些话的全部后果：

> 诚如人们所言，在官场上过于游刃有余之人很少会显著扩充其思想。他们的办公习惯让他们容易认为事情的本质不比做事的形式更重要。这些形式适用于一般场合，因此只要事情按普通秩序进行，浸润官场之人就会做得很好。但是当要道被毁，水流奔涌而出，出现一个新的混乱场面，却无前例可循，那时更多地了解人类、更广泛地理解事物，就比官场曾经给予的或者能够给予的更必不可少。❶

---

❶ 见伯克先生关于美国赋税的演讲，*Works*, ii. 390。

第三章 华兹华斯政治信念的发展(1792—1802)

华兹华斯的《论〈辛特拉协定〉》遵循着完全相同的思路,不过这里仅仅简要记述他的观点。他断言,"只有指导我们政府运行的人性知识才有权与有关人性的事业[即西班牙半岛居民对法国侵略者的抵抗]建立亲密联系"。但他认为,普通政客并不具备这种关于人性的知识。因为这些务实的从政者太过相信自己有能力识破其代理人和依附者的动机,控制住他们的自私情感;过于相信自己迷惑或抵抗对手目标的伎俩,而对自然人与社会人的本能一无所知:更深厚的情感、更简单的感受、广泛而无私的想象、为国家而国家的骄傲。自然人和社会人的工作并不仅仅是一份正式职业,所以他们的心灵只有被慷慨高贵的事业超越才能获得尊严。因此,用他自己的话来总结,"不言自明的是,政客和廷臣不愿增进这种对人性的了解",而人性是真正政治思想的根本基础。❶ 有鉴于此,华兹华斯不仅像伯克一样非常看不起所谓务实政治家的精明,还越过语言甚至情感的界限,轻蔑地谴责精于实际事务管理、深谙政党政治的感情与习惯的政客。伯克与华兹华斯的另一相似之处可能看似有点异想天开,但在我看来却颇为真实。众所周知,两人一生自始至终都有一种潜在却真实的保守主义元素,伯克早期可谓激烈的自由主义和华兹华斯年轻时

---

❶ 华兹华斯的完整论述,参阅 *Tract*, pp. 129-40。

热烈的革命愿望形成了鲜明对比,尽管这一对比与其说是真实的,不如说是显而易见的。这种对比虽然缺乏理性,却在每种情况中都常能感受到,标志着年轻时的普遍同情与年老时所谓的保守主义之间的冲突。50年前,有人觉得这是个悖论:就伯克关于人生和政策的根本观点而言,他在抵抗乔治三世侵犯英国宪法赋予国人的权利时,和他更为激烈地抵抗福克斯及其追随者每次企图从法国引入革命原则时——这比乔治三世谋划或渴望增加皇室特权对英国人根据宪法享有的理性自由更具破坏性——是同一个人。最终,伯克政治原则在本质上的一致性由莫利勋爵确立为一个广为人知的事实。❶ 无论如何,值得我们思考的是,可否在1793年的吉伦特派华兹华斯和1820年或1830年所谓的托利党人华兹华斯的政治观点中找到一种非常相似的一致性。值得注意的是,即使在《为法国大革命申辩》这本被某些自由派视为最明确地表达了华兹华斯采用的所有革命信条的书中,都能看到保守主义的痕迹。要记住,这是相当年轻的青年人的作品;这是公开承认的共和派的作品;这是对法国满怀热忱、对英国向法兰西共和国宣战感到义愤填膺的英国共和派的作品。正如我已指出的那样,他的语言明显带有一种克制,而这在伯克的反革命小册子

---

❶ 参阅 Morley's *Burke* (English Men of Letters), pp. 145-8。

第三章　华兹华斯政治信念的发展（1792—1802）

或托马斯·潘恩 ❶ 对伯克的回复中都找不到。不过我想强调的言辞如下：

> 我看上去如我所为，是个共和主义的倡导者，但请勿作他解。我很清楚，由于各国滥用行政权力，给所有欧洲国家提供了一个令人沮丧的证据，即此刻如果恢复民众最初的权威，那么从这种恢复中可以预料到的就只会是一种不同暴政的开端。❷

这些话总的来说显得温和而理智。它们不符合革命主义者所珍视的自然权利理论，在吉伦特派俱乐部不会受到欢迎，在任何一个雅各宾派俱乐部也不会被容忍片刻。它们暴露了1793年作为共和派的华兹华斯保守的一面，让我们为1802年的华兹华斯做好准备，比之辉格党，那时的他在托利党中发现了更多的朋友。

理智地评价华兹华斯的政治观，充分认识到伯克与华兹华斯在思想甚至道德上的关联，这极为重要。两位卓越天

---

❶ 托马斯·潘恩（Thomas Paine, 1737—1809），英裔美国思想家、作家和政治活动家。1776年出版的小册子《常识》对美国独立战争产生了深远影响；1791年在伦敦出版《人的权利》驳斥伯克对法国大革命的抨击。——中译者注
❷ Grosart, i. 10, 11.

才间的这种联系事实上映射着彼此的荣光。伯克的教诲使华兹华斯以及其他成千上万的英国人从革命的诡辩和错觉中解放了出来,这几乎是对伯克最高的赞美;华兹华斯汲取了伯克所能传授的最好真理,与此同时坚定不移地保持着对自由的完全信仰和对人类进步的希望,以此构成革命信条最真实的部分,人们几乎无法比这更好地总结华兹华斯独特的政治信念。由此,人们可以看到这篇文章贯穿始终所坚持解释和主张的事实,即华兹华斯(至少在他的政治活动期间)既不是辉格党也不是托利党。这两个党派起码在1832年以前都单独竞逐英国执政权,华兹华斯在精神上与两党的分歧最显著地体现在他对福克斯和伯克的独特态度上。

1806年,被辉格党人视为偶像但遭到大多数托利党人❶憎恶或难以忍受的福克斯正值弥留之际,华兹华斯为其撰文,这是一位伟大诗人为心目中伟大的政治家所作的最好挽歌:

如今,成千上万的人在悲伤——

---

❶ 司各特晚些时候才发现"英国人福克斯去世了",但《马米恩》(*Marmion*,1808)序言中的那份尽管费力但很优美的颂词几乎使一些辉格党人忘记,在爱丁堡举办的一场庆祝麦尔维尔勋爵无罪释放的热闹晚宴上,有人唱了司各特写的一首歌,那首歌的最后一段这样结尾,"呔嗬,终于抓到狐狸了"(Tally-ho to the Fox)。

第三章 华兹华斯政治信念的发展(1792—1802)

等待恐惧的降临;
因为他们的支柱必将逝去,
他们的荣耀也将消失。

一股力量正从大地传来,
奔向令人窒息的大自然的黑暗深渊;
但当伟人离世 ❶（But when the Mighty pass away）
还有什么比这更——

上帝派来的那个人,
再不愿回到上帝身边?——
这样的潮起潮落向来如此,
那么我们又为何要哀悼呢? ❷

现在来看华兹华斯描绘的伯克:

---

❶ 我的朋友海伦·达比舍尔女士向我指出,这句话在华兹华斯诗歌的不同版本中有个奇怪的不同之处。1807年版中的这句话正如此处所示。在后来直到华兹华斯去世时的版本中这句话变成了,"但当伟大而善良的人离世"（But when the great and good depart）。Hutchinson, p. 581 (ed. 1895) 采用的就是这个写法。但最初的写法被重新选编出现在 Matthew Arnold's *Poems of Wordsworth*, 1879。

❷ *Poems of Wordsworth*, by Matthew Arnold (1910), p. 299.

他可不是瞎扯的说客,
绝不会才穷智尽,绝无片刻
口吃的折磨。不会!
这个演说家滔滔不绝,好似年轻的
曙光女神❶,将时间架在车辕上:
他的到场受到三倍的欢迎!
站在如此辉煌的路旁,怎可能
感到厌倦!听众为之倾倒,惊叹,
像传奇中的英雄,永不停歇地吹着
他的号角,一句接一句,句意相连;
那记忆,那逻辑!那超卓的——
超人的——高谈阔论,没完没了,
直到就连年轻人也听出了乏味。

伯克的天才!请原谅,这支笔竟去
纠缠虚浮的趣事,竟迟迟不提及
你那最雄辩的口才,迷住了多少听众,
让那些率真的人、那些开始对
自命导师者产生怀疑的迷茫之众,

---

❶ 曙光女神(Aurora),指罗马神话中的奥罗拉,她每天早晨都会飞向天空,向大地宣告黎明的到来。——中译者注

第三章 华兹华斯政治信念的发展（1792—1802）

那些渴望更聪慧些的聪明人
都得到多少收获。
如今，你已经沉默，在凄寂的坟中
永远沉默。我仍看见他，
老迈而强健，挺拔如橡树：累叶
垂覆的额上伸出鹿角似的枝杈，
却更能震怵林中的幼木。可是，
当他辛辣地讽刺、抨击并告诫人们
要警惕所有建筑在抽象权利之上的
制度；当他将至高无上的地位
赋予那些经过时间验证的规制
与律法；宣称习俗结成的纽带
具有强劲的生命力；当他以鄙夷的
气度否定时髦的理论，强调
人们生而有之的忠诚，有些人——
一大群冥顽之人——却立刻咕哝着
不满（不爱真理者，必仇恨之），
就像伊俄勒斯洞❶中躁动的迷风，
被其主公的锁链擦伤，激怒。这年月

---

❶ 伊俄勒斯洞（Aeolian Cave），在希腊神话中，风神伊俄勒斯（Aeolus）居住在靠海的洞穴里。——中译者注

> 充满不祥的突变,在一个个黑夜中
> 触发激烈的争斗,扬起一团团
> 狂热的黑雾;但此时有难忘的场面
> 介入:智慧披着雄文的铠甲跃出,
> 犹如朱庇特脑中的女神❶,在议会中
> 语惊四座。一个熟知古代
> 历史、古典辩术能使其心潮
> 起伏的青年,怎可能坐在那儿光看,
> 光听,却不思感激,不受启迪呢?❷

这些诗句显然写在1804年之前,至少写在伯克去世(1797)之后,此时他被托利党人推崇为法国大革命最有力、最可怕的敌人,同时被辉格党人鄙视为变节者或背叛者。然而,这幅肖像是像华兹华斯这样的政治家为伯克的雄辩与才智树立的最高贵、最具见识的纪念碑。

华兹华斯的政治学说已经超出了托利党或辉格党的理解范围。

---

❶ 朱庇特脑中的女神(Goddess from Jove's brain),指罗马神话中的智慧女神密涅瓦(Minerva)。众神之王朱庇特在与女神墨提斯结合后,将后者诞下的密涅瓦活吞,但是他的头很快就疼痛难耐,最后不得不命令火神用斧头劈开自己的脑袋,结果手执长矛的密涅瓦从中蹦出。——中译者注
❷ Hutchinson, pp. 694, 695.

第四章　华兹华斯的政治观
（1802—1815）

要想考察华兹华斯作为一名政治家的行为，首先有必要认识一下英国1802年（《亚眠和约》）到1815年（滑铁卢战役）的状况，然后再思考华兹华斯政治观的特征。

一、英格兰的状况（1802--1815）

必须始终牢记的是，从1800年到将近1814年，大多数英国人既害怕但又都预料到了拿破仑的胜利。在特拉法加（Trafalgar）、莱比锡（Leipzig）和滑铁卢记忆的遮蔽下，今日的英国人已然淡忘了这段举国沮丧的岁月。不过，当时的恐惧本身并非不合情理。尽管英国海军获得了胜利，对法战争却以签订短命的《亚眠和约》结束，其结果证明是个失败。这个和约非但没有限制住法国的力量，反而使其实力大增，在欧洲各国中获得了霸权地位。拿破仑统治了比原先大得多的领土❶，建立起远比路易十四广泛得多的权威。甚至在签署《亚眠和约》之前，他对英国就是蔑而视之——如果算不上侮辱的话。他自封为北意大利之主。他对瑞士实施的专制统治，至少在华兹华斯看来，已将这个国家的自由和独立破坏殆尽。1798年，爱尔兰爆发了一场残酷的暴乱。只要改变一下风向，奥什❷就能在叛军的支持下带领法军登陆。没有人胆敢预言这位法国最有能力的将军之一，在成千上万爱尔兰人的支持下，无法带领法国精兵征服爱尔兰。然而，到了1801年，伦敦民众却为带来和平希望的法国使者疯狂喝彩。也许"英国人福克斯去世了"确乎属实，但辉格党人对战争并没有信心，他们劝服自己相信拿破仑代表着自由的事业。悉尼·史密斯和约翰·罗素勋爵❸这样的著名辉格党人到处支持战争，不过议会反对派抱怨军队在海外的花销，进而助长了拿破仑在陆地上无可匹敌的错觉。夺取丹麦舰队的

---

❶ 在1811年，从罗马走到汉堡，严格来说可能无须经过任何不属于法兰西帝国的领土！
❷ 指拉扎尔·奥什（Lazare Hoche，1768—1797），法国军人，大革命期间由一名士兵晋升为革命军将领。1796年，奥什组织和领导爱尔兰远征军支援爱尔兰人反抗英国的统治，但一场风暴将其与远征军打散，后几经转折回到法国，爱尔兰远征一事作罢。——中译者注
❸ 约翰·罗素（1766—1839），即第六代贝德福德公爵（6th Duke of Bedford），1802年之前以约翰·罗素勋爵著称，是活跃于18世纪晚期至19世纪初期的英国辉格党政治家。——中译者注

第四章 华兹华斯的政治观（1802—1815）

救国之举，被辉格党道德家谴责为公然违反国际法。据说一些辉格党人将拿破仑占领莫斯科只看作这位皇帝势不可当的力量的象征。为了正确评估华兹华斯作为政治家的远见，完全有必要认识到英国人不仅在半岛战争开始之际，事实上直到英国在西班牙取得举世瞩目的胜利之时，身上一直背负着几近懦弱的道德压抑（更不用说绝望）。这种由拿破仑持续获胜造成的沮丧无力感，对英国构成了毁灭性的威胁。

欧洲大陆的观点严重低估了英国士兵的战斗力，很多英国人成了这个错觉的牺牲品：尽管英国水手在海上是常胜之师，但只要是拿破仑本人指挥，就不要指望英国士兵能在陆上击败他的军队。❶ 皮特本人肯定对最后的胜利感到怀疑，因为他在1795年曾向法国提出议和，并在1797年重新提出与法国进行和平谈判。1802年签订的《亚眠和约》虽然不是由他达成，不过他也并未表示反对。这个和约是英国在与法国的长年争斗中落败的明显迹象。1803年战争重启，之后几年发生的事件并不受待见，导致政治

---

❶ 这个观点盛行于世，尽管1799年悉尼·史密斯爵士曾迫使拿破仑从阿卡（Acre）撤退；1801年，英国将士将法军驱逐出埃及境内；1806年，约翰·斯图尔特爵士（Sir John Stuart）在卡拉布利亚（Calabria）击败了法军。详情参阅帕斯利（Pasley）旨在从军事角度激励英国抵抗拿破仑的文章"The Military Policy and Institutions of the British Empire"（1810年发表）。

家和将领们的品格遭到了正当怀疑。1805—1806年,时任海军大臣的梅尔维尔子爵❶(Lord Melville)作为议会中权势仅次于皮特的要员,被指控在管理海军时玩忽职守和挪用公款。他遭到弹劾,然后理所应当地被赦免。不过下议院中包括威尔伯福斯❷在内的一些最受尊敬的议员仍旧投了弹劾票。他们有充分理由认为,这位英国政坛的领袖之一,在身居高位时将自己置于涉嫌犯下重大罪行和不端行为的境地。这些罪行一旦得到证实,就会令其蒙羞。❸ 1808年,最高统帅约克公爵❹与女投机者玛丽·安妮·克拉克❺纠缠不清。后者利用与公爵的亲密关系谋取钱财,承诺提拔那些向她行贿谋求举荐的军官。1809年,下议院的一个委员会对整个事件进行了调查,结果证明公爵在

---

❶ 指首任梅尔维尔子爵亨利·邓达斯(Henry Dundas, 1st Viscount Melville, 1742—1811),苏格兰辩护律师和"独立辉格党"政治家,曾任战时国务秘书和第一海军大臣。1806年,因挪用公款被弹劾,无罪释放后再未担任公职。——中译者注

❷ 指威廉·威尔伯福斯(William Wilberforce, 1759—1833),英国国会下议院支持托利党的独立议员、慈善家和废奴主义者,与首相小威廉·皮特相交甚密。——中译者注

❸ *State Trials*, xxix, p. 550.

❹ 约克公爵(Duke of York, Prince Frederick, 1763—1827),指乔治三世国王与夏洛特王后的次子弗雷德里克亲王,法国大革命和拿破仑战争期间担任英军最高统帅。——中译者注

❺ 玛丽·安妮·克拉克(Mary Anne Clarke, 1776—1852),约克公爵的情妇。——中译者注

第四章 华兹华斯的政治观（1802—1815）

处理克拉克女士的事宜上疏忽大意，理应受到谴责。下议院将他无罪释放，宣告他本人并无任何舞弊行为，但他出于道德原因被迫辞掉这一要职。❶ 1808 年签订的《辛特拉协定》，尽管事实上是阿瑟·韦尔斯利爵士 ❷（Sir Arthur Wellesley）取得的一场显著胜利的结果，却让那些阻止他收获胜利果实的将军们名誉扫地。查塔姆伯爵 ❸ 1809 年率领的瓦尔赫仑大远征 ❹（the great expedition to Walcheren）就遭遇彻底失败。

正如前文所言，辉格党作为一个团体，自身已然相信拿破仑应被视为自由的捍卫者。他们谴责对法作战，并自然而然地认为英国取胜无望。司各特在 1815 年 1 月 2 日发表的几行诗句，最深刻地描绘了英国人在二十多年里看不到希望所带来的痛苦。哪怕是推翻暴君的欢乐，也无法让一个最充满希望、最坚定的托利党人忘记那些帝国专制的反对者们所忍受的不抱希望、接近绝望的悲惨时刻。或者，

---

❶ 1811 年，他在一致同意下重掌最高统帅一职。
❷ 即众所皆知的威灵顿公爵（Duke of Wellington）。
❸ 查塔姆伯爵，即约翰·皮特（John Pitt，1756—1835），英国军人和政治家，首相小威廉·皮特的哥哥。——中译者注
❹ 指第五次反法同盟期间发生的瓦尔赫仑战役，1809 年 6 月，英国军队在荷兰斯海尔德河的瓦尔赫仑岛登陆，以图打击法国舰队和减轻奥地利面临的压力，但是大量英国士兵很快染上疟疾并死亡，英国不得不在 9 月取消了这次远征。——中译者注

用司各特自己的话说，即

> 黑暗，怀疑，恐惧的漫长历程！
> 希望在悲痛的眩晕中被耽搁，
> 废墟，灾难，血迹和泪水
> 二十年跌宕，恐怖如影随形。❶

二、华兹华斯政治观的性质

从1802年开始，华兹华斯在对法战争的问题上，就完全同意当时最杰出的托利党人和少数最出色、最明智的辉格党人的现实意图。他感到，结束《亚眠和约》，继续对抗拿破仑专制，对英国而言既是一种需要，也是一种责任。他完全不同意辉格党反对派鼓吹的和平，后者抱有一种幻觉，以为拿破仑在以某种方式代表着自由事业。他甚至比最爱国的托利党人更清楚地觉察到英国人民的需求，并意识到绝对必须坚持作战，而且战争必须基于国际权利与正义的真正原则。需要进一步指出的是，华兹华斯的政治观在策略上是灵活的，它在1802—1809年，即从他出版最早的爱国十四行诗到出版《论〈辛特拉协定〉》之间逐渐成长和发展，而后者的出版恰好阐明了他的政治观的

---

❶ Scott, *Lord of the Isles*, Canto VI, st. i, published January 2, 1815.

第四章 华兹华斯的政治观（1802—1815）

本质。

让我们思考一下关于华兹华斯的政治观的两个问题：第一，它的总体特征是什么？第二，华兹华斯的政治观可以归结为哪些具体原则？

（1）**华兹华斯政治观的总体特征。**这也许大体上可从他在1801—1815年出版的爱国十四行诗中看出端倪，或者可以这样描述：他是一位道德家，对正义的胜利怀有绝对信念。他是一位先知，宣扬并相信国家的失败源自国家以及组成国家的民众所犯下的错误或罪行。因此，他一再坚持认为，在这场反对拿破仑的压迫与不公的战争中，英国无力推倒一位暴君的势力，原因在于这个国家自身的错误或罪行，以及英国人自己的过失。他是一位民族主义者，预见到维多利亚时代的民族主义。他一方面确信只有维护其他欧洲国家的民族独立才能保持英国的独立，另一方面也相信只有英国摧毁了拿破仑的帝国，成功维护了自身独立，西班牙、意大利、瑞士或德意志等其他欧洲国家的独立才能确保安全。最后，也是最重要的，华兹华斯是一位爱国者。在漫长的岁月里，专制暴政在欧洲大陆上耀武扬威，包括英国在内的所有国家中的众多显要人物奴颜婢膝、阿谀奉承，但华兹华斯从未动摇过这个信念：如果英国起而履行她的最高职责，即摧毁拿破仑帝国，那她绝对有望获得最后的胜利。要理解华兹华斯的政治观，需要注意到混合在他灵魂里的三种不同情感：先知般的严肃和远见；对一切真正的民族国家之独立的热爱；强烈的英国爱国主义情怀。他同时是一位先知、一名民族主义者和一个爱国者。他告诫要变革英式生活或革新美德；要维护或创建每个由民族情感维系的国家的独立，但这首先要推翻拿破仑的暴政——无论这种暴政可能恰巧为世界带来什么样的好处，它都意味着专制主义的胜利，意味着外国武装力量所支持的专制主义在欧洲更广大地区的胜利。这种对华兹华斯政治学说的索然无味的概括，对于博学或无知的读者而言，要么意味着全部，要么毫无意义。只有把华兹华斯的文字和他的时代境况密切联系起来，才能从中撷取真正的意义。

首先要注意的是，他对英国的罪行和缺陷发出的预言式谴责，逐渐转为对英国的信任，只要英国上升到履行她庄严职责的高度：

> 弥尔顿，此刻你应该活在世上，
> 因为英格兰需要你；她可真是
> 一潭子死水：祭坛、刀剑和笔，
> 炉边和豪奢富丽的厅堂、闺房，
> 已使英格兰祖传的内心欢畅
> 丧失殆尽。我们这些自私的人；

第四章　华兹华斯的政治观（1802—1815）

哦！回来吧，把我们拉起；
给我们礼数、美德、自由和力量。（1802）❶

朋友啊！我真不知道该向何方
去寻求心灵的安适；我不禁怅然，
想到这一生无非是装点门面，
与工匠、厨子、马夫的小手艺没什么两样。
我们都得像溪水，迎着骄阳
闪耀光辉，不然就是不幸；
最富有的人便是最佳人选；
自然与典籍之美已无人赞赏。
侵吞掠夺、贪婪、挥霍无度——
这些，便是我们崇奉的偶像；
再没有淡泊的生活，高洁的思想；
古老的淳风尽废，美德沦亡；
失去了谨慎端方，安宁和睦，
断送了伦常准则，纯真信仰。（1802）❷

---

❶ Hutchinson, p. 307. [此处翻译采用黄杲炘的译文，略有改动，参见《华兹华斯抒情诗选》，第231页。——中译者注]
❷ Hutchinson, pp. 306, 307. [此处翻译采用杨德豫的译文，略有改动，参见《华兹华斯诗歌精选》，太原：北岳文艺出版社，2010年，第189页。——中译者注]

——

英格兰！该是时候戒除
让你的心变得虚弱的食物了；
现在应该更好地理解真相；
旧事物亟待解决；我们看到
合适的播种期，可能会有更好的收获
要不是因为你的侵略行径；在今日，
如果在希腊、埃及、印度和非洲，
所有的美好事物都是命中注定，你将徜徉其间。
英格兰！全部国家都同意这个控诉：
但更糟的是，你的仇敌的爱与恨，
要更无知，要无比卑贱得多：
所以，智者为你祈祷，尽管
你担负着沉重的罪行：
哦，悲伤，世上最美好的希望皆与你同在！
（1803）❶

——

我想到：是什么让伟大的国家
驯服；让人们把刀剑换成账本、
让学者为了金子跑出书斋，

---

❶ Hutchinson, p. 309.

第四章 华兹华斯的政治观（1802—1815）

> 撇下崇高的理想；我就惧怕，
> 为我的这些无名恐惧，
> 祖国啊——这能责怪我吗？
> 如今，每当我想到你，
> 想起你的含义，我便抱愧在心——
> 为那些子民不该有的害怕。
> 我们得珍视你；我们觉得，
> 你呀，是人类事业的一个堡垒；
> 而我的感情却愚弄了我自己：
> 诗人在脑海里的种种活动，
> 有时难免怀着爱人和儿女的
> 心情想你，那又有什么稀奇！（1803）❶

尽管这些献给自由的十四行诗逐渐体现出希望，❷ 甚至确信英格兰拥有不可抵挡的力量，因为她曾决心努力捍卫自身和欧洲的自由，哪怕是唯一的捍卫者。但在华兹华斯看来，英格兰难以被原谅的真正罪责在于她不时地反对其他国家的自由：

---

❶ Hutchinson, pp. 307, 308.[此处翻译采用黄杲炘的译文，略有改动，参见《华兹华斯抒情诗选》，第219页。——中译者注]
❷ 参见后文第84、85、127页。

在过去 30 年里,［他写道］我们已经目睹了两场针对自由的战争——美国战争和法国大革命初期针对法兰西人民的战争……而对于这个尤其属于我们自己的时代［1810］而言,可以肯定的是,我们的政府在前两次反对自由的战争中,所采取的那些对正义的原则蛮横不恭、对人性的情感毫不在乎的行为,在如今这场自由之战中继续发挥着作用,并且毫无所获。❶

不过,华兹华斯在这里把英国的力量和部分被忽略的职责,都转变成了他的民族主义。他在 1809 年出版的名篇《论〈辛特拉协定〉》中,表达了自己希望看到西班牙、意大利、法兰西(当时只作为拿破仑帝国的一部分)和德意志都成为独立的民族。这对华兹华斯成熟了的民族主义至关重要。但事实上,要想理解他是如何完全预见到直至 19 世纪中叶才得到充分发展的民族热情,就必须反复阅读《论〈辛特拉协定〉》全文。在后来的历史学家的评判中,华兹华斯对《辛特拉协定》的猛烈抨击很大程度上是合乎情理的 ❷,那些条约的确对葡萄牙人和西班牙人的感情、自尊和荣誉显示出侮慢不敬。

---

❶ *Tract*, p. 140.
❷ 参见 Oman, *Peninsular War*, vol, i. 274-6。

第四章 华兹华斯的政治观（1802—1815）

华兹华斯对民族独立满怀热情，无论这种独立关乎对国王的忠诚还是对共和政体的热忱。他直到生命尽头都在谴责英国对法国的入侵以及1793年的第一次反法同盟，因为整个同盟都盘算着如何干涉法国的自治，而一些欧陆列强的目的就是攫取法国领土，令其分崩离析。不论是非曲直如何，华兹华斯对法国的立场始终如一。❶他是一位共和主义者，认为法国大革命从最好的一面来看是人类向前迈出的一步。不过，他受到伯克思想的诸多影响❷，因此不可避免地、理所当然地变成一名民族主义者。他早二十多年就预见到了马志尼的民族主义。❸华兹华斯设想并由马志尼后来完善的民族主义学说远不只是赞美爱国主义。自马拉松❹（Marathon）和温泉关❺（Thermopylae）

---

❶ 参见1821年写给洛赫（Loch）的信，Knight, *Life of William Wordsworth* (1889), iii. 58, 59. (Cf. Hale White, p. 10.)

❷ 参见前文第59—70页。

❸ 参见1837年的十四行诗，"From the Alban Hills, Hutchinson", p. 360, 以及后文第115页。[此处马志尼指的是朱塞佩·马志尼（Giuseppe Mazzini, 1805—1872），意大利政治家、民族主义者、革命运动的先锋，意大利统一过程中的重要活动家，深刻影响了意大利和欧洲的共和运动。——中译者注]

❹ 指马拉松战役，公元前490年，由雅典与斯巴达领导的希腊联军在马拉松平原迎击进犯的波斯大军，联军通过诱敌深入将后者包围歼灭。——中译者注

❺ 指温泉关战役，公元前480年，斯巴达国王列奥尼达一世率领希腊联军在温泉关阻击波斯军队，成功拖延波斯大军的进攻，但最终寡不敌众，列奥尼达一世和三百名斯巴达战士全军覆没。——中译者注

之日乃至更早的时候起，就已经有众多男女称颂那些为保卫家乡而牺牲的勇敢英雄。但是，现代民族主义者远不止教导爱国主义是一种美德，他们还广泛传播一个政治原则：如果可能的话，至少每个欧洲国家都应由同属（或感觉自己同属）一个民族的公民居住，没有一个民族应当由任何外国势力统治。这个原则由此接着提出，每个独立民族都应该支持其他民族的独立，如有必要，还应做好防御其他民族的准备。有人也许一眼就能看出，这对奥地利帝国那样的国家而言事关生死存亡。在19世纪初，这一原则无疑既新颖又令人震惊。华兹华斯的卓越之处不仅在于，很多年前他就预见到直至19世纪中叶才占据统治地位的民族主义思想，还在于他创造了一个全新的原则，没有将其与民族主义思想最著名的提倡者所犯的一些错误混杂起来。他从不认为民族主义本质上和共和主义相关。如果他能活到1860年，就会把加富尔❶视为比马志尼安全得多的向导。❷ 不过我们可以推测，他会格外赞赏加里波

---

❶ 指卡米洛·奔索·加富尔伯爵（Camillo Benso Conte di Cavour, 1810—1861），意大利政治家，曾任撒丁王国首相，并成为意大利王国第一任首相，与马志尼、加里波第并称为意大利建国三杰。——中译者注
❷ 参见 *Tract*, pp. 167-70，因为华兹华斯欣赏民族主义与良好政府之间的真正关系。

第四章　华兹华斯的政治观（1802—1815）

第❶。后者首先为保卫罗马共和国挺身而战，牵制住法国军队，然后在生涯的巅峰时刻解放了西西里和那不勒斯，增强了一个统一的意大利的国王的权威。华兹华斯避免了众多英国辉格党人被误导的错误——设想意大利和德意志民众关心宪政自由甚于民族统一。他先知般地预见到，民族热情可能会被转变或曲解成热衷于使用超然武力来扩张民族势力，并可能因此摧毁掉一个独立民族对真正自由的热爱，而这在美国、英国或法国等自由国家几乎都不被理解，直到1914年的战争才揭露了这一真相。❷

---

❶ 指朱塞佩·加里波第（Giuseppe Garibaldi，1807—1882），意大利著名将领和爱国者，终身致力于意大利统一，多次率军参与战役，被誉为"意大利统一的宝剑"。——中译者注

❷ 可以把拉格比的阿诺德博士（Dr. Arnold of Rugby）"对奥地利政府的款款柔情"看作华兹华斯民族主义独创性的标记，以及他的政治观超前于所处时代的程度的标志。阿诺德在1830年还写道："我也为威尼斯感到高兴；最高兴的是看到旧制度的秘密监狱变成了木屋，德意志士兵在此施威，而这曾是意大利人道德败坏的中心，一片虚伪、傲慢和残酷之地。" Stanley's *Life of Arnold*, 5th edition, vol. i, p. 275. 注意这些日期：1810年华兹华斯已经掌握了民族主义的原则，并且可能在1802年就运用了这些原则。1805年马志尼出生，在1830—1831年宣扬民族主义。1830年阿诺德为奥地利在威尼斯的专制而高兴。1849年阿诺德最喜欢的一位学生克拉夫为被奥地利人打败的意大利爱国者哀悼。在1870年之前，英国所有自由主义者都接纳了民族主义。华兹华斯至少在40年前就预见了民族主义的完全成长。[阿诺德博士指托马斯·阿诺德（Thomas Arnold，1795—1842），英国近代教育家、历史学家，曾于1828—1841年担任拉格比公学校长。亚瑟·克拉夫（Arthur Clough，1819—1861），英国诗人，1829年进入拉格比公学，成为阿诺德的学生。——中译者注]

华兹华斯的政治观

我们无须强调华兹华斯的爱国主义,这在他关于拿破仑战争所写的每一行诗中都显露无遗。也许可以用一首十四行诗对此加以总结:

> 又是一年!又一次致命的打击!
> 又一个强大帝国被打败了!
> 我们已经,或者将要被孤立——
> 只剩下我们,敢于把敌人抗击。
> 好啊!我们将会知道:从今天起,
> 得凭自己去寻找安全;
> 得用自己的右手去创造安全,
> 屹然独立,要么被打翻在地。
> 谁不为这前景高兴就是懦夫!
> 我们将欢欣鼓舞,如果这个国家的
> 统治者珍视它的众多天赋,
> 又英明、正直、勇敢;不低三下四——
> 不由他们去判断自己害怕的险阻,
> 不由他们去尊崇自己不理解之事。(1806)❶

---

❶ Hutchinson, p. 310. [此处翻译采用黄杲炘的译文,略有改动,参见《华兹华斯抒情诗选》,第 278 页。——中译者注]

第四章 华兹华斯的政治观(1802—1815)

华兹华斯的英国爱国主义,与他对每个国家获得民族独立的虔诚祝福如此紧密地结合在一起,以至于在他心里,这两种情感几乎等同于彼此,而这一点往往被人忽视。下面两首十四行诗阐明了这种杂糅的感情:

> 锦绣东方曾一度归她主宰;
> 西方也靠她卫护,受她庇荫;
> 威尼斯的声价无愧于她的身份——
> 自由女神的第一个婴孩。
> 贞淑如处女,明艳而从容自在,
> 阴谋和暴力都对她丝毫无损;
> 当她有意为自己找一个情人,
> 那准是万古如斯的大海。
> 后来呢,她荣光消逝,荣华枯槁,
> 权势衰颓——这等事本属寻常;
> 而当她悠长的生命终于不保,
> 我们却难免别有一番惆怅:
> 我们是凡人,当看到昔日的庞然大物,
> 连影子也消亡,怎能不伤感。(1802)❶

---

❶ Hutchinson, pp. 304, 305.[此处翻译采用杨德豫的译文,略有改动,参见《华兹华斯诗歌精选》,第185页。——中译者注]

> 那里有两种声音：一种是海的呼啸，
> 一种是山的喧响，都雄浑强劲；
> 年年岁岁，你欣赏这两种乐音，
> 自由女神啊，这是你选的曲调！
> 暴君来了，你怀着神圣的自豪
> 奋起反抗，却徒劳无功，终于
> 被逐出了阿尔卑斯山地区，
> 那里的激流飞瀑你再难听到。
> 你两耳既已失去了一种幸福，
> 请把留下的这一种牢牢保住；
> 否则，女神啊，你该会怎样悲悼：
> 当山洪一如往昔雷鸣不止，
> 当海浪轰然扑打岸边峭石，
> 而两种威严的乐曲你都听不到！（1807）❶

他的每首诗都义愤填膺，认为拿破仑可能会征服这样一个国度：她甚至比威尼斯更真正"主宰过锦绣的东方"，也甚至比瑞士更早地捍卫了最后一个坚不可摧的自由家园。

尤其值得关注的是华兹华斯的民族主义在1802—1809

---

❶ Hutchinson, p. 306.［此处翻译采用杨德豫的译文，略有改动，参见《华兹华斯诗歌精选》，第188页。——中译者注］

第四章　华兹华斯的政治观（1802—1815）

年不断被扩展的方式，并且这种方式立即适应于提升英国士气、提高外交政策的道德基调这个主要而直接的目的。要实现这个目的，最合适的就是华兹华斯所有的爱国十四行诗。这是一个爱国者为激发祖国的英勇和崇高所创作的最佳战歌；它们可谓英国的赞美诗，就像《诗篇》（*Psalter*）一样结合了对以往过错的忏悔和相信正义终将获得最后胜利的信心，其间没有一个刻薄、卑劣或者粗鄙的词汇。❶ 后来有位诗人受马志尼的激发，真诚地信仰意

---

❶ 如果对比柯勒律治的《法国颂》（"France- An Ode"）和华兹华斯就威尼斯共和国的覆亡以及瑞士的屈服而作的十四行诗，就能马上感觉到后者的卓越力量。

对照华兹华斯的崇高冷静和骚塞（Southey）以下这些押韵诗，尽管后者实际是位仁慈之人，但在其中却对拿破仑及其士兵从莫斯科撤退时的遭遇显得幸灾乐祸：

> 拿破仑皇帝即将起行
> 在夏日里远征莫斯科：
> 田野翠绿，天空湛蓝，
> 天呐！天呐！
> 这是一场多么愉快的远征！
>
> 他脚下的道路过于冰冷
> 他所在的莫斯科过于炎热：
> 不过他可能更加冰冷和炎热，
> 因为坟墓比莫斯科更冷：
> 有这么一个地方看得见，
> 红色的火焰和蓝色的硫黄，
> 老天！老天！（转下页）

利民族主义,他最好地表达了对作为爱国主义者和民族主义者的华兹华斯的欣赏:

> 作为一位品格高洁、忠于祖国的诗人,华兹华斯在所有同辈人和后继者中都独一无二:尽管他看上去像是个保守的保皇派,但在最深层和最字面的意义上却始终是个共和派,而这从未削弱他诗歌的力量;他是一位公民,对他而言,公共福祉——莎士比亚笔下理想的爱国者更愿自己流血而不是杀掉恺撒来达成的"公共利益"——是唯一值得任何人,乃至所有人全情投入之事。❶

(2)华兹华斯政治观的具体原则。 这些原则最终在

(接上页)他必须去,
如果教皇说是。
如果他不及时寻找:
他的同名者所在之处
几乎可能就是他为主人所留之地。
他已经揣摩太久,
如果那个主人把他放到炼狱里,
他就不会让他只留下荣耀:
而他必须在那儿待上非常漫长的一天,
因为自那以后再也逃脱不掉
从莫斯科回来的路上。(1813)
(*The Political Works of Robert Southey*, vi. (ed. 1838) 217, 222.)

❶ Swinburne, *Miscellanies* (1886 ed.), p. 130.

第四章 华兹华斯的政治观(1802—1815)

《论〈辛特拉协定〉》中得到解释和辩护。

《论〈辛特拉协定〉》清楚无疑地显示出华兹华斯在1809年持有并倡导以下民族主义原则:

第一,对于每个业已获得民族独立的欧洲国家而言,民族独立是自由和文明进步等最大福祉的必要条件或来源。

因此,在华兹华斯看来,民族独立对拥有公民自由至关重要:

> 源自内部的压迫和来自外部[比如由外国人实施]的压迫之间有着根本区别:因为前者并不排除一个民族的心灵和独立自治的情感;并不意味着(后者意味着要耐心屈服)放弃理性要求履行的首要职责……
>
> 如果一个国家戴上了自己锻造的枷锁,那就以美德之名,让它意识到自己对此负有责任,不要在自身之外寻找受到责备的理由;如果一个国家低迷不振,那就以仁慈之名,让它拥有一些源自自身的骄傲与希望。最贫穷的农民面对一片未被开垦的土地,也会感到那种自豪。我并不呼吁以英国或瑞士为榜样,因为前者是自由的,后者不久前也是自由的(而且,我相信它很快又会获得自由);去和瑞典人交谈吧,你会看见他在这些动荡中感到的喜悦。他让血气之勇(众多美德的替代物,所有男性美德之友)有一席之地:这种勇气立刻被他的

想象拉高,又被他的感情缓和下来,还很鼓舞人心,因为他的胸膛充盈着整个国家的勇气。❶

西班牙的昂扬斗志也许可以归功于民族独立。由于独立,"一个人数众多的民族决心获得自由,尽管外国侵略者以最强大的武力反对,也要实现这个目标"。❷ 从西班牙的例子中,我们可以看到民族独立和所有其他政治愿景之间存在密切的内在关联:

> 西班牙要确保的首要目标是驱逐敌人,第二是永久独立,第三是自由的政府体制,这是其他两个目标的主要(尽管远不是唯一)价值所在;没有它,就只能取得形式上的独立,而且可能连这都难以确保。❸

任何长久的进步,即使是物质享受上的进步,也依赖于民族独立,或者至少依赖于维持这种独立所能唯一倚仗的精神。❹ 从长远来看,自由与独立的结合将会终止压制和阻碍人类进步的法律习俗。根据华兹华斯的判断,人们

---

❶ *Tract*, pp. 167-9.
❷ Ibid., p. 155.
❸ Ibid., p. 162.
❹ Ibid., pp. 171-2.

第四章　华兹华斯的政治观（1802—1815）

肯定认为民族独立加上个人拥有自由，就会逐渐破除迷信本身。他记得，那些对半岛居民为之奋斗的事业抱有良好祝愿的英国人，一开始就因为前者中间盛传的迷信想法而灰心丧气。华兹华斯以非常具有自己诗人特色的文辞，以及自身对自由独立的良好影响所抱持的坚定信念，叱责了怀疑者们的恐惧。这些文字超越了今天的道德信念，和后来19世纪的经历并不完全相符，不过仍然包含了一个值得尊敬和关注的观点：

> 这是多么目光短浅的消沉！不管西班牙人的宗教信仰或虔敬行为掺杂了怎样的迷信，都必定会为那股胜利的力量所转化，无论在何处感受到这股力量——它源自强烈的道德痛苦和炽热的希望相结合的那个时刻。缚住心灵的顽固枷锁必须转变成防御的盔甲和恼人的武器。无论自由的沉浮和努力在何处蔓延，都必须对其加以提炼。而解放了的人们为之抛头颅的错误范式与古老错误手段（types and ancient instruments of error），到如今肯定变成了想象的语言和仪式；表达、圣化和鼓舞着理性的最纯粹演绎，以及对普遍自然的最神圣情感。❶

---

❶ *Tract*, pp. 115, 116.

第二，每个独立民族都有志于维护其他所有国家的民族独立，英国尤其如此。

华兹华斯认为，我们应当在一些事情上走在前面：

> 一位将军和一个部门的政策要足够全面地认识到，其他民族的独立、自由和荣誉最能促进英国真正的福祉。只有传播和普及这些美德，才能最终减少法国的暴政，或者将其对欧洲其他国家的影响收束在自然合理的范围内。❶

毋庸置疑，华兹华斯在这里使用的语言和其他地方一样，观点一如既往地明智现实，不抽象教条，着眼于大不列颠、西班牙和葡萄牙在摧毁法国暴政方面的直接利益。不过同样真实的是，他的实用政策有意而且不可避免地与他强烈的民族主义信念联系在一起。他由此产生的另一个想法几乎不为当时最有远见的政治家或最好的思想家所认同，尽管在19世纪后期被所有民族主义者接受。他热切盼望着意大利和德意志的民族统一。"对于欧洲来说"，他相信，"那会是快乐的一天，当意大利人和德意志人（他们的职责以类似的方式指明）各自

---

❶ *Tract*, p. 150.

第四章 华兹华斯的政治观(1802—1815)

消除了把他们分裂开来的不利障碍,形成一个强大的民族"。❶

> 如果能消除那些把一个民族[意大利]分裂成那不勒斯人、托斯卡纳人、威尼斯人等,把另一个民族[德意志]分裂成普鲁士人、汉诺威人等的障碍,如果能教导他们感受自己的力量,法国人就会立刻被赶回自家领土。我希望看到西班牙、意大利、法国、德意志各自组成独立民族,但我也不愿将法国的力量削减到低于实现这一目标所需要的程度。❷

第三,没有哪个国家应当拥有不可抵抗的军事力量,使得其他国家的合法独立受到威胁。

在这点上,华兹华斯的语言铿锵有力,在 1917 年读到似乎就像预言一般:

> 军事力量强大到无法抵挡的那个国家将会遭殃!在这件事上,我对英国的抨击不比其他任何国家少……如果一个国家外部没什么反对或恐惧的力量,

---

❶ *Tract*, p. 164.
❷ Ibid., p. 237.

就无法逃脱内部的衰退和动荡。完全的胜利和绝对的安全会很快出卖一个国家,使它抛弃保护其胜利果实的民事和军事纪律。如果到那时,当这个岛在陆上再也没有比此刻[1811]在海上更难对付的敌人,那它之前拥有的美好和伟大的一切都会紧接着灭亡。❶

第四,拿破仑治下的法兰西帝国拥有几乎不可抵抗的力量,并且反对民族独立原则,因此英格兰应当对法开战,直到后者的力量降到合理范围之内。

在这点上,华兹华斯的文字清晰有力:

> 无论如何,我们不应与法国言和,除非她遭到羞辱并将力量限制在合理范围之内。与她作战是我们的职责和利益所在……但我也不愿将法国的力量削减到低于实现这一目标所需要的程度。❷

对于像法国这样一个致力于在整个欧洲建立霸权的国家,华兹华斯不相信对其发动的战争,能以一种被专制主义的攻击者和支持者同样接受的和平方式来结束。

---

❶ *Tract*, p. 237.
❷ Ibid., pp. 229, 237.

第四章　华兹华斯的政治观（1802—1815）

第五，建立一种新的势力均衡是可取的。

一种新的均势素材存在于西班牙、法国、意大利、德意志、俄国以及不列颠岛的语言、名称和领土中。较小的国家必须消失，并入大的民族和使用广泛的语言之中。我清楚地看到这一重塑欧洲的可能性，并且诚挚地为之祈祷。❶

在这里，华兹华斯明显走到了自己同时代政治家的前面。他同样（听上去可能很奇怪）也走到了很多后来的民族主义者前面。威灵顿❷、卡斯尔雷❸、梅特涅❹和其他主导维也纳会议（Congress of Vienna）的领导人都赞成势力

---

❶ *Tract*, p. 238.
❷ 指阿瑟·韦尔斯利（Arthur Wellesley, 1769—1852），第一代威灵顿公爵，又被称为"铁公爵"。19世纪英国最重要的军事家和政治家之一，两次出任英国首相，终身担任英国陆军总指挥，1815年在滑铁卢战役中击败拿破仑。——中译者注
❸ 指卡斯尔雷子爵罗伯特·斯图尔特（Robert Stewart, Viscount Costlereagh, 1769—1822），即第二代伦敦德里侯爵，爱尔兰政治家，曾任英国外务大臣。自1812年起，他努力促成反对拿破仑的四国同盟，并于1814—1815年代表英方出席了维也纳会议。——中译者注
❹ 指克莱门斯·文策尔·冯·梅特涅（Klemens Wenzel von Metternich, 1773—1859），奥地利政治家、外交家，从1809年起任奥地利外交大臣，是后拿破仑时代欧洲列强组成的维也纳会议的主席。——中译者注

均衡。但他们无论如何都不同意——每个独立国家应该由一个自认为是或者希望成为一个民族的人居住。因此,该会议旨在建立一种与民族无关的势力均衡。为了达到这个目的,他们力图给予有限几个国家的统治者某种类似于平等权力的东西,希望这样能够阻止某个无所不能的国家崛起。民族主义者很快察觉到,这种势力均衡与他们想把欧洲划分成每个国家代表一个不同民族的希望背道而驰。所以他们嘲笑和戏弄这个均势的想法。华兹华斯认识到这些对立思想中各自包含的部分真理。他认为应当存在一种能保证每个单一民族的独立性的势力均衡。他预见到民族主义原则的主要规定,并进一步附加了某些限制,如果对这些限制稍加注意,就能改正或避免后来的一些民族主义倡导者所犯的错误。华兹华斯出版《论〈辛特拉协定〉》时,已经完全摒除了那种民族独立必须与某种政制形式联系起来的幻想。在他眼里,君主政体明显也可能和共和政体一样开创、维持或恢复一个国家的民族独立。华兹华斯再次清楚地认识到,像苏格兰和英格兰❶这样被不同民族情感所激励的国家,在各自骄傲地回顾自己民族成长的历史后,可能会正确而明智地为了组成更伟大、更强大的大不列颠王国而牺牲它们各自的某些特色。在他看来,当统一能极

---

❶ 参见 *Tract*, pp. 163, 164, 168-170。

第四章 华兹华斯的政治观（1802—1815）

大地提升民族独立的安全时，就非常值得为此牺牲某些情感。这位大智大慧之人更加关注维持或恢复现有民族的独立，而不是创造新的民族。在很大程度上（如果不是全部的话），华兹华斯的态度可以用他最杰出的追随者之一的话来表示：

> 我丝毫不能接受科苏特❶关于我们对"民族"（Nationalities）之职责的见解。如果他们有任何好处，如果他们是独立一体的民族（nations）而不是多元的民族（nationalities），就会自取所需。我从历史中得出，我们要做的从来不是为他们奋斗，而是要阻止西班牙、法国、俄国内部打破民族界限创立统一帝国的任何力量。无论我们是否愿意这么做，我们都别无选择。在我们最理智但极不情愿之时，我们被迫如此。上帝给了我们这份差事，哪怕我们如此想乘坐他施之船❷逃离，保护我们商业的繁荣。❸

---

❶ 指拉约什·科苏特（Lajos Kossuth，1802—1894），匈牙利贵族、律师、政治家、民族解放运动领袖，在1848年革命中担任匈牙利共和国元首。——中译者注

❷ 他施，希伯来圣经和其他古籍中出现的地名，盛产银、铁、锡、铅等金属，并用船只输往以色列和腓尼基各地，因此"他施之船"象征着财富。——中译者注

❸ *Life of F. D. Maurice*, ii. 251.

从整体来看,华兹华斯的政治观(1802—1815)确实至少实现了两个目标:它在很大程度上消除了英国人的沮丧,恢复了他们世代相传的勇气和希望;其次,它为英格兰预见了理智的民族主义。如果加以注意,这种民族主义或许会在19世纪大部分时间内主导英国的外交政策。这些目标的实现,并不诉诸于大众的虚荣或野心,而是要通过唤起英国人最高贵的子嗣所表现出的英格兰递相沿袭的伟大,通过确定将英国从拿破仑帝国的征服下拯救出来的必要性,通过履行保护或恢复每个欧洲国家的独立性这一崇高职责来达成。

第五章　华兹华斯政治观的相关问题

问题一，华兹华斯的政治观产生了怎样的直接影响？

除了一个方面，华兹华斯政治观的直接影响相对较小。他的十四行诗尽管写得高明，却并不是为大众而作，也不为他们所读。他的《论〈辛特拉协定〉》❶尽管令人赞叹，但从不是轻松读物，销量也小，肯定没有多少英国选民读过。华兹华斯的辛勤劳动当然没有像伯克1790年出版的《法国革命论》那样突然改变公众舆论的导向，也没有像悉尼·史密斯在1807—1808年出版的《致身居国内的吾兄亚伯拉罕的信，彼特·普利姆利》(*The letters to my brother Abraham who lives in the country, by Peter Plymley*)那样，以其机趣和智慧让英国的牧师和其他人深刻意识到拿破仑进犯所带来的迫在眉睫的危险。

---

❶　特别参见 Introduction to the *Tract*, pp. vii-xx。

但对上述概论而言，还有一个例外。华兹华斯的政治学说的确产生过一个未被阐明价值的直接影响。它让联合王国中每个憎恶拿破仑专制的人站在了一起，他们认识到英国有义务通过一场无法抗拒的战争来挽救自己，反击法兰西皇帝的侵犯，继而确保每个受到该帝国强大力量威胁或奴役的欧洲国家的独立。司各特在读到华兹华斯《论〈辛特拉协定〉》的前面部分时 ❶ 写道："我**很**赞同他。唉！在这场令人绝望的比赛中，我们需要除了勇气和美德之外的一切。我们的对手拥有人类的技能、知识，难以言喻的果断、阴险，兼具行动和手段。我们只能像獒犬那样勇敢、盲目而又忠诚地战斗。" ❷ 司各特、约翰·威尔逊 ❸ 和卡斯尔雷这些托利党人和革命者联起手来，就像华兹华斯和柯勒律治曾共同贬低或憎恨威胁到法国独立乃至生存的战争那样。因为英国的托利党人和革命者一样，同情那些甘冒一切风险抵抗外国暴君攻击的国家。在达成《亚眠和约》之前，对法作战一直是一个党派在操作，尽管这个党代表了大多数英国人。当和约走向终结，尤其是在华兹华斯的小册子出现之后，战争得到英国的热情支持，那些还持反

---

❶ Published in the *Courier*, 1808-9。
❷ Grosart, i, Preface, p. xiv.
❸ 指约翰·威尔逊·科洛克（John Wilson Croker，1780—1857），爱尔兰托利党政治家、作家，1807年进入议会，与威灵顿公爵是好友并得到其支持。——中译者注

对意见的辉格党人很快便分崩离析。战争由反对法国转变成保卫英国的民族之战。这种转变在很大程度上要归功于华兹华斯的爱国十四行诗和他的《论〈辛特拉协定〉》。

问题二,华兹华斯的政治观被 19 世纪后来的重大事件证明了吗?

简而答之,一个事实充分证明了华兹华斯的远见:19世纪英国的对外政策只要和华兹华斯的政治观相符,就会取得显著成功;而只要与其有所偏离,就会以失败告终,或至多以非常可疑的成功收场。这是最值得我们认真关注之处。正如我们所见,他的政治观以两大原则为基础:一是公开声明要不惜一切代价摧毁拿破仑专制;另一个是在合理范围内采用民族主义,大致可定义为维护民众想要并能够组成一个民族的所有国家的独立。不过,华兹华斯清楚限定了后一条原则的使用,即必须防止每个国家侵犯其他国家的独立。为此,他提出了一种新的势力均衡。

英国的对法政策契合华兹华斯的政治观,或者至少很快就与之相符。被囚禁在圣赫勒拿岛(St. Helena)的拿破仑去世后,其专制帝国也被推翻,再不可能真正恢复。❶ 由

---

❶ 1852 年拿破仑王朝复辟的真实结果表明,1809 年存在的帝国体系已然灭亡。

于维也纳会议及其相关和约的影响,法国的欧洲领土发生了虽然微小却也可见的变化,基本维持在1790年年初**旧制度**结束时的范围之内。❶ 事情很快变得清楚:英国永远不会再发动战争阻止法国采用任何其民众业已接受的政体。1830年,英国人兴高采烈地欢迎路易·菲利普王室。1848年,他们承认第二共和国政权。1852年,他们没有反对拿破仑王朝的重建。1870年,他们承认第三共和国是一个具有完美立法形式的政府。英国的行为有利于形成国际法的一条规则或惯例,即一个为独立国家的民众接受的政府应该得到其他所有国家的承认。这种政治观获得了显著成功。首先,它维护了和平;其次,它保持了一种虽有所变化但总体上逐渐增加的友善状况;最后,它维持了英国和法国自滑铁卢战役后一个世纪的亲密联盟关系。在这一点上,华兹华斯的政治观无疑获得了胜利。

英国对其他国家的政策经常严重偏离华兹华斯的政治观。英国政府由于诸多原因很难采用华兹华斯的民族主义;若是采用,将和维也纳会议达成的和约不相一致。他们意在创造一种新的势力均衡,只是这种均衡倚仗的是政府的利益,而非民族或民族国家(peoples or nations)的

---

❶ 法国在这些和约之下遭受的损失在一定程度上得到了补偿。参见 *Historical Altas of Europe,* map xiii, and note by G. W. Prothero。

第五章 华兹华斯政治观的相关问题

意愿。任何一个英国政党都很难接受华兹华斯对民族性（nationality）的尊崇。托利党人同情西班牙人和德意志人举民族之力抵抗以拿破仑为首的法国侵略者，但当他们为了摧毁拿破仑帝国而与革命或者共和主义结盟时，就变成了民族主义运动相当冷漠的朋友。辉格党人作为一个党派，在大战期间表现得比托利党人更不倾向于支持民族独立运动。他们认为，即便是入侵西班牙这样完全目无法纪的事件，也可能会打击迷信和推动现实改革。当战争临近结束时，他们真心相信英国采用的立宪主义（由1832年《改革法案》❶ 最终臻至完美）会将理智之人渴望的全部政治福祉，赐予每一个欧洲国家的人民，不管那个国家多么治理无方。在滑铁卢战役后的二三十年里，英国的自由主义者赞成英国人用武力或其他手段帮助外国专制主义的反对者。但是，为从一个独立国家的民众中分裂出来的某一派别提供这样的帮助，实际上与华兹华斯所宣扬的民族主义也不尽相符。再者，曼彻斯特学派❷（Manchester

---

❶ 1832年《改革法案》（*Reform Act of 1832*），指英国在1832年通过的改革选籍制度的法案，该法案重新分配了下议院的议席，因工业革命而兴起的中北部城市商人得以有更多机会参政，同时降低选民的财产和身份要求，选民人数由此大增。——中译者注

❷ 曼彻斯特学派，1820年代发源于英国曼彻斯特的自由主义经济学派，他们积极支持自由贸易政策，要求废除保护性关税，并激烈反对战争，倡导和平主义。——中译者注

School)的激进分子认为,从长远来看,自由贸易与和平足以促进和确保每个欧洲国家的不断改进。他们欣然接受所谓的不干涉原则,并将其意义解释为英国应该永不干涉外国事务,这几乎等于说英国不应该有任何外交政策。但是,这条原则并非源自华兹华斯。临近19世纪中叶,大多数自由主义者的确都意识到一个毋庸置疑的事实,即民族主义事业羽翼日丰,很可能带来巨大的变化。一些享有盛誉的辉格党领导人,如帕默斯顿子爵❶和约翰·罗素伯爵❷,至少在意大利问题上,十分倾向于采用民族主义原则。然而,如果可以肯定英国在诸多欧陆事务上严重背离了华兹华斯的政治观,那就同样可以肯定英国在这些事务上采取的相关政策和圆满成功沾不上边。不过,至少有相当一部分英国人在19世纪中叶对民族主义运动越来越感兴趣。加富尔在受过教育的英国人那里几乎是一位理想的爱国主义政治家。加里波第在各个阶层的英国人看来都是

---

❶ 指亨利·约翰·坦普尔,第三代帕默斯顿子爵(Henry John Temple, 3rd Lord Palmerston, 1784—1865),英国19世纪政治家,原为托利党人,后转入辉格党,曾两度担任英国首相,并长期出任外交大臣。——中译者注

❷ 约翰·罗素(1792—1878),即第一代罗素伯爵(1st Earl Russell),第六代贝德福德公爵之子,活跃于19世纪中叶的英国辉格党政治家,曾两度出任首相。——中译者注

第五章 华兹华斯政治观的相关问题

大受欢迎的英雄。在帕默斯顿的指导下,英国的政策确实在 1860 年和 1861 年帮助和安慰了意大利;实际上,有人可能会怀疑这种帮助是否只停留在人道援助的范围内。无论如何,英国政治家能够成功收获意大利人民的友谊,要归功于英国人在意大利问题上明显接受了华兹华斯的政治观这一事实。然而,如果你回溯过去百年英国的对外政策,就不会认为它总体上是成功的。显而易见的事实是,英国政治家不知如何应对正在逐步改变整个欧洲大陆形势的民族主义运动。如无例外,欧洲的战争主要与民族主义原则相关。因此,英国必然以不确定的声音表态——大臣们把仅仅由道德力量支撑的建议强加给欧洲各国政府,直到 1848 年仍在倡导每个不安分的国家采用英式立宪主义,以达成政府和心怀不满的国民之间的和解。然而结果表明,道德力量总体上完全没有效力,而英国的建议并不受待见。

英国参加过的唯一一场欧陆战争——克里米亚战争(Crimean War)颇受欢迎。大多数英国民众为进攻俄国这个在全欧洲支持专制主义的政权而欢呼。严格来讲,这场战争从结果上对民族主义者助益甚微,或者说毫无帮助。但民众对这一事件的直觉却是合理的。克里米亚战争给了意大利机会,结果出现了有利于其统一和自由的决定性攻击。然而,英国政府未能迫使那不勒斯的"炸弹国王"❶（Bomba of Naples）遵从其政治对手的普遍人性规则。英国不管是作为还是不作为，都对丹麦毫无益处，热情的英国自由主义者在更早些时候援助西班牙或葡萄牙的自由事业的尝试也徒劳无功。目前很少有人会认为英国在1870年的态度是令人满意的。毫无疑问，那自然不是华兹华斯的政治观念会表明的态度。我们由此得出结论：英国的对外政策除非与华兹华斯的政治观相符，否则就会失败，或者肯定算不上成功。

问题三，为什么华兹华斯不被认为是英国最早的民族主义者？

华兹华斯未能得享此誉的原因在于其政治观的两个方面：其一，用斯温伯恩❷的话来总结就是——他"无意中预见到马志尼"向意大利和全世界"传递的思想"。❸任何研究华兹华斯爱国十四行诗和《论〈辛特拉协定〉》的人，都不会怀疑马志尼这位最杰出的英国弟子之一作出的这句

---

❶ 指费迪南多二世（Ferdinando Ⅱ，1810—1859），西西里王国第三任国王，1830—1859年在位，因在1848年革命期间派军对墨西拿（Messina）进行了猛烈攻击，造成大量平民伤亡，而被称为"炸弹国王"（re bomba）。——中译者注
❷ 指阿尔杰农·查尔斯·斯温伯恩（Algernon Charles Swinburne，1837—1909），英国诗人、剧作家、小说家和评论家。——中译者注
❸ Swinburne, *Miscellanies,* p. 148.

第五章　华兹华斯政治观的相关问题

断言的真实性。但所有转而思考支配公众舆论发展之规律的学生都不会对此感到大惊小怪：一位预言家在半无意识中宣扬了一个远超自己时代的原则，当这个原则最终被他人重提并被世界接受时，原创者便失去了应得的声誉。马志尼本人出生于1805年，4年后华兹华斯出版了《论〈辛特拉协定〉》，在1840年之前马志尼在英国还不为人知；而民族主义作为一种政治理想在1848年前的英国也未流行开来，那时80岁高龄的华兹华斯距去世也还有两年。第二个原因是，马志尼在英国成名后，自然乐意向那些他认为是其先驱的伟大英国作家致敬。但不幸的是，马志尼在很多方面找到的英国民族主义英雄并不是华兹华斯，而是拜伦。❶ 1824年拜伦在美索隆吉昂（Missolonghi）的逝世，湮没了他的过错和矛盾，使他不仅成为献身希腊自由事业的殉道者，总体而言也成了争取民族独立的烈士。可以进一步肯定的是，在华兹华斯的有生之年，他的大多数英国朋友——主要是辉格党人和激进分子，不会让马志尼注意到他预言的民族主义原则。同时，对于1830—1850年的英国辉格党人而言，华兹华斯由于受到法国大革命的惊吓，

---

❶ 指乔治·戈登·拜伦（George Gordon Byron，1788—1824），英国诗人、革命家，世袭男爵，创作了《唐璜》《恰尔德·哈罗尔德游记》等名作。1816年到意大利投身烧炭党人运动，1823年到希腊投入当地的独立战争，次年病逝在美索隆吉昂。——中译者注

背弃了自由主义，在晚年变成了一个彻头彻尾的托利党人。没有哪个激进派，或者说只有像约翰·斯图亚特·密尔这样非常明智的激进派才能看出华兹华斯从未放弃对自由的热爱，因为后者已然成为《罗马天主教救济法案》❶（Roman Catholic Relief Act）和《改革法案》❷（Reform Act）的公开反对者。

问题四，根据华兹华斯去世后这 66 年的经验所示，他预见的民族主义中某些有害的，或者至少是可疑的趋势（如果未完全成立），将会发展到何种程度？

这些令人成疑的结果有两种：一是民族主义倾向于破坏，而不是促进民族的统一；另一种是民族主义可能会激发某个特定国家的国民对民族力量的强烈欲望，由此产生一种对自己国民的个人自由和其他欧洲国家的独立都不利的政府形式。

民族主义与统一。在 1850 年，民族主义在大多数英国自由主义者看来，似乎是促进国家政治统一的手段——就像意大利或德意志那样。他们的居民觉得自己是一个民

---

❶ 《罗马天主教救济法案》，指 1829 年英国国会通过的法案，是英国在 18 世纪中叶到 19 世纪早期试图减轻或消除对天主教徒限制的一系列法案之一，该法案允许天主教徒获得议席。——中译者注
❷ 指 1832 年的《改革法案》，见前文第 127 页。——中译者注

第五章 华兹华斯政治观的相关问题

族,尽管部分由于历史原因,部分由于所谓的政治权谋而被分裂成不同国家。❶ 至少在意大利,民族统一同样和获得立宪自由、驱逐外国统治者不可分割地联系在一起。因此,华兹华斯公开宣称希望意大利和德意志实现民族统一完全是自然而然的。在这一点上,他看得的确比大多数英国人远得多。那他是否预见到,渴望民族统一可能不仅会驱逐外国统治者,还会把国家拆散,而在更称心的情况下,这些国家也许可以合并成一个统一的国家呢?❷ 没人能准确回答这个问题。兴许连华兹华斯都几乎没考虑过这种分裂的可能性。这再一次提醒我们要时常牢记,他更关注的是保护和恢复现存民族的独立,而非重申将诸多民族(nationalities)变成各自分立的国家(nations)这一要求。

---

❶ 1850—1860年的自由主义者过度倾向于假设任何居住在某一片领土上的大部分人,都希望从政治上所属的国家中分裂出来,成为一个独立国家,这**乍看**(prima facie)有理,并且他们在从属的国家政府治下遭到了某些难以忍受的不公待遇。这种对反叛权力轻而易举的信赖在美国内战(War of Secession)爆发后遭到打击,格莱斯顿公开形容杰弗森·戴维斯不仅建造了一支陆军和海军,还创造了一个国家,对此最好和最仁慈的借口是辩称这位英国政治家在热烈的民族主义影响下,幻想杰弗森·戴维斯在为同一个目标——国家独立而辛勤劳作,支援了马志尼和加富尔的事业。[威廉·格莱斯顿(William Gladstone, 1809—1898),英国自由党政治家,曾四次担任英国首相。杰弗森·戴维斯(Jefferson Davis, 1808—1889),美国政治家、军人,内战期间担任唯一一任美利坚联盟国总统。——中译者注]

❷ 参见前文第91、92页。

民族主义与热衷民族力量。华兹华斯在这一点上展示的远见,在 1917 年看来完全就是预言。没有人比他把民族独立的益处估计得更高。如前所述,[1] 他非常担心军事力量变得不可抵抗的国家,即便那个国家就是大不列颠。和 19 世纪大多数民族主义者不同,华兹华斯还认为我们应当创造一种新的势力均衡,[2] 其目标正是要确保没有国家拥有这种不可征服的武力,能对哪怕是很小的民族的独立构成威胁。他从拿破仑专制中学到了最有价值的一课。他知道,法国尽管自身在某种意义上是专制主义的受害者,但或多或少也愿意支持一种迎合其民族自豪感的暴政,而这正助长了法国军事领导人的个人野心。因此,他决定"无论如何,我们不应与法国言和,除非她遭到羞辱并将力量限制在合理范围之内。与她作战是我们的职责和利益所在"。[3] 他看见了一幅可怕的景象:一个幅员辽阔的国家被一群"鞑靼人"(Tartars)以横扫千军之势推动,在野蛮天性的驱动下前行,同时装备了科学与文明提供的所有武器。[4] 他肯定意识到,一个民族本身可能会成为最骇人的暴君。

---

[1] 参见前文第 89、90 页。
[2] 参见前文第 90 页。
[3] 参见 *Tract*, p. 229。
[4] 参见后文第 116 页。

第五章　华兹华斯政治观的相关问题

问题五，华兹华斯是否在政治上变节了？❶

要想获得这个问题的正确答案，我们必须考虑几个基本因素。

首先，如今甚至没有必要讨论有关华兹华斯抛弃辉格党或其他党派的指控，不管是因为他被恐怖统治吓得惊慌失措，还是因为他从托利党那里得到了一把银币。他是一个拥有异常冷静的判断力之人（前文已指出），❷ 革命恐慌对他的观念产生的影响要比同时代人来得少。他绝对不会受个人利益影响而放弃任何自己认为合理的原则。令人奇怪的是，像勃朗宁❸这样拥有天赋和洞察力的人在年轻时甚至写下：

> 他就为了一把银币离开了我们，
> 就为了在大衣上系上一条缎带，

这些诗句指向的应该是华兹华斯。更加奇怪的是，勃朗宁

---

❶ 参见 *An Examination of the Charge of Apostasy against Wordsworth*, by W. H. White (Mark Rutherford)。A review of Harper's *William Wordsworth* by C. Vaughan, in *Modern Languages Review*, xi, pp. 491-6; Wordsworth, *Dict. Nat. Biog.* lxiii, p. 12. (Leslie Stephen.)
❷ 参见前文第 8、9、51、52 页。
❸ 指罗伯特·勃朗宁（Robert Browning，1812—1889），英国维多利亚时期的诗人、剧作家。——中译者注

到了晚年为年轻时犯的错误道歉时,把这位伟大诗人形容成"然而,他的背叛就像是在他特殊的党派里一次司空见惯的转向而已,这在我幼稚的理解和成熟的思虑里都是要加以谴责的事件"。❶

其次,我们必须辨别出为所有称职评论家所承认的关于华兹华斯改变观念的特定事实。就华兹华斯1815年后的晚年状况而言,莱斯利·斯蒂芬爵士❷这位十分公正而又熟悉华兹华斯生活和作品的传记作者写道:

> 他变得令人尊敬而又保守。在自由主义者看来他像个叛徒……华兹华斯1815年的《感恩颂》("Thanksgiving Ode")表明,他的观点完全是保守的。尽管其观点的演变诚实而又可以理解,但这实际上使他与保守主义站在了一起。他写给朗斯代尔伯爵❸的信显示出他对当地政治的浓厚兴趣……于1818年出版了两篇对威斯特摩兰郡自由业主发表的支持托利党的演讲。

---

❶ Grosart, i, Preface, p. xxxvii.
❷ 莱斯利·斯蒂芬爵士(Sir Leslie Stephen,1832—1904),英国作家、批评家、传记作家。——中译者注
❸ 指威廉·劳瑟,第一代朗斯代尔伯爵(William Lowther, 1st Earl of Lonsdale,1757—1844),英国托利党政治家、贵族,曾资助过包括华兹华斯在内的众多作家和艺术家。——中译者注

第五章 华兹华斯政治观的相关问题

他为那个时期的不满感到担忧,完全同意采取镇压措施。更晚些时候,他强烈反对天主教的解放,认为《改革法案》会引发一场灾难性革命。1819年1月13日,他被列入威斯特摩兰郡和平委员会中。❶

这是一份对华兹华斯1815年之后的观点严格而公正的描述,除此之外,有必要补充一两个容易被遗忘的事实。华兹华斯关于对法战争的立场大体始终如一,这很好地体现在他自己的话中:

"我不同意战争",他在1821年写道,"(我)一开始以为对法作战可能是错误的,也许可以避免;但是在拿破仑侵犯了瑞士的独立后,我的心转而反对他,反对沦为这种暴行之工具的国家。正因为如此,我在感情上和辉格党人分离,并在一定程度上与他们的对手联合,后者不存在福克斯先生和他的政党所抱有的幻觉(我必须如此认为),即以为同法国达成一种安全而光荣的和平是可行的,而像拿破仑那样充满野心的征服者可以被软化成一个商业对手"。❷

---

❶ *Dict. Nat. Biog.* lxiii. 22.
❷ Knight, *Life of William Wordsworth*, 1889, iii. 58, 59.

以下微妙的批评话语意义非凡，指出了所有华兹华斯的仰慕者都不会否认的确凿事实：

> 初入中年的华兹华斯变得有些固执；……45岁后，他很少接受新的思想或新式的诗歌灵感……就其存在的生长停滞现象而言，是身体方面的原因；除了一些显而易见的例外，如果他的创作冲动在45岁停止，是因为他的身体构造、他的生命力过早地耗尽——我们能反对这一结论吗？他早年的激情生活、高度集中的创造期所产生的消耗，似乎比他或其他人意识到的更多。❶

这种对新思想的漠不关心不但（有人可能进一步认为）影响了他的诗歌，还有他的政治判断力。

第三，我们必须充分认识到，我们的问题可以归结为两个根本不同的疑问。

（1）华兹华斯背弃了辉格党吗？

华兹华斯从未背弃过辉格党，因为他从来就不是一个辉格党人。他在年轻时是一个共和主义者。自1802年以后，至少在13年里，他一直是托利党的盟友和朋友，在当

---

❶ *Modern Language Review* (October, 1916), xi, p. 495.

第五章 华兹华斯政治观的相关问题

时一些重大问题上和他们意见一致。辉格党人在他眼中就是英国命运到了最紧要关头时没能为国尽职之人。在他看来,他们和今天大多数英国人眼中那群拉帮结派鼓动与威廉二世❶立即达成和平的人差不多,他们坚持认为威廉二世是一位献身于自由、正义和人类事业的欧洲君主。华兹华斯不可能和辉格党联合。即便拿破仑之死最终消除了威胁人类自由的最深恐惧——拿破仑主义,在华兹华斯与约翰·罗素和悉尼·史密斯等同样提倡向拿破仑开战的辉格党人之间,仍然存在着上述根本不同的情感,不可避免地将他们区隔开来。"国家的内在精神生活在他看来至关重要,对他们却意义甚微或者无关紧要。"❷ 这种差异割裂的程度很深,必定会发展出各种不同的形式。辉格党人的许多理想不可能被华兹华斯接受,它们不利于他最为看重的地方自由和传统。辉格党人对工业发展以外的国家生活毫不在乎。边沁主义者❸(Benthamites)和后来的曼彻斯特学派反对华兹华斯的理想,在对外政策上提出不干涉之责,

---

❶ 指弗里德里希·威廉(Friedrich Wilhelm,1859—1941),最后一任德意志皇帝和普鲁士国王,1888—1918 年在位,史称威廉二世。德文"恺撒"(Kaiser)意为"君主"。——中译者注

❷ *Modern Language Review*, xi, p. 492.

❸ 边沁主义者,指信奉由英国哲学家、法学家、现代功利主义创立者杰里米·边沁(Jeremy Bentham,1748—1832)提出的相关学说的人。——中译者注

近乎否认了华兹华斯曾经热情宣扬的英国之职责——为保护所有受到邻国强大力量和武装威胁的小国的独立而实施干预。❶ 华兹华斯自 1832 年后不再在英国政治中发挥重要作用，我们不能忘记能够对其做出合理解释的另一个因素。无论从哪方面看，政治技艺都不是他的特长。在英国和拿破仑发生致命冲突的危急关头，他在预言冲动的鼓舞下，向国人指出阻碍他们在战争中获胜的错误，为他们打开通

---

❶ 后来的经历说明，华兹华斯的民族主义（责成保护像比利时或瑞士这种小国的独立，反对一个强大邻国攻击它们）不可能和曼彻斯特学派提倡的不干涉原则相融合。事实是，科布登的全部观念和华兹华斯的政治观念存在更大的差异。在科布登看来，所有人都应当怀着最深的敬意发声；他为英国贡献卓著，并且是少数一直试图用自己认为正确的前提进行逻辑推理得出结论，然后以此为基础提出政策的政治家之一。尽管如此，莫利的《科布登传》（Morley's *Life of Cobden*, vol. i. 130）中的一个章节并没有得到应有的关注。1838 年，这位伟大的自由贸易者相信普鲁士拥有欧洲最好的政府，并长篇大论地谈道："为了保护英国这种事物，我很乐意放弃自己谈论政治的喜好。"这个章节太长，在此不加引用，不过科布登说的"对专制主义有利的好话"相当于蒲柏说的：

> 让傻瓜们为了政府的形式互相争执
> 管理最完善的便是最好的。

不过这种政策教条和华兹华斯的整体精神相悖，就像蒲柏的诗歌学说与其实践那样。[理查德·科布登（Richard Cobden, 1804—1865），英国自由党政治家，支持自由贸易，1838 年组建反对强征进口关税的谷物法同盟。亚历山大·蒲柏（Alexander Pope, 1688—1744），英国 18 世纪著名诗人，代表作有《论人》《论批评》《鬈发遇劫记》《愚人志》等，并翻译了荷马史诗。——中译者注]

第五章 华兹华斯政治观的相关问题

向职责之途,并说服他们那才是取胜之路。英国最后采用了华兹华斯在诗歌和散文中提倡的政策,没有人现在能说清他的能量到底产生了多深的影响。暴君已被推翻,并流放到圣赫勒拿岛。华兹华斯执行了他的预言任务,他的工作已经完成,自然退回到作为诗人的人生工作中。即便作为一个政治家,在感觉到自己已恰如其分地完成了任务的那一刻起,从职业生涯中抽身而出也是值得赞赏的。这一法则同样适用于一位预言家和诗人。天才最适合在一个伟大国家进行一场绝望之战时,将其需要的精神振奋到热情和勇敢的高度,而完全不必适合于引导国家走上合理的经济改革之路。

(2)华兹华斯不再关心民族主义事业了吗?

想要消除华兹华斯在任何真正意义上都是一名政治叛徒的指控并不困难。更难应对的是声称他早在1825年或1826年就不再关心民众自由和民族主义事业。据说,他早在1826年就对当时发生的一切政治事件不再产生任何兴趣,"他以英雄般的神圣写作反对拿破仑暴政,但是对后来臭名昭著的专制暴政(比如西班牙)却颇为冷淡"。❶ 有人很想知道这些指控的真实成分。对华兹华斯

---

❶ 参见 Crabb Robinson, Harper, ii, 338, 339 中的引文,那是支持这项指控的最有力根据。

晚年有关外交政策的观点存在的误解,更自然地源于像克拉布·罗宾逊❶这样的自由主义者,他们真诚地相信华兹华斯在国内政治领域一直是个叛徒。这位自由主义者在1832年加剧了这一误解,没有注意到我已指出的华兹华斯民族主义的一个特征。事实上,华兹华斯教导的原则更多指向的是国家而非民族。他一直都在❷外国势力对一个国家的压迫和本国国王或暴君治国无方而引起的镇压之间划清界限。在进攻拿破仑时,他想得更多的当然是把瑞士从法国军队的暴政中解放出来的职责,而不是将法国本身从拿破仑的专制统治中解救出来。他确信,一个国家只要不由外国人统治,最终必将会以自身天然的活力摆脱掉所有糟糕统治。正是这种坚定的,也许过于强烈的信念让他不断意识到这种区别的重要性。这个信念肯定或多或少使华兹华斯对废除任何不是由外国势

---

❶ 克拉布·罗宾逊(Crabb Robinson,1775—1867),英国记者、律师,曾参与创建伦敦大学,去世后出版的《日记、回忆录和通信》(*Diary, Reminiscences and Correspondence*)中包括了华兹华斯、柯勒律治、布莱克等18世纪英国浪漫主义运动主要人物的相关记载。——中译者注

❷ "源自内部的压迫和来自外部(比如由外国人实施)的压迫之间有根本的区别:因为前者并不排除一个民族的心灵和独立自治的情感;并不意味着(后者意味着要耐心屈服)放弃理性要求履行的首要职责。"*Tract*, pp. 167, 168, 对比该书第158、159页。这实际上意味着由外国势力强加的暴政会摧毁一个民族,而由部分民众支持的国内暴政的破坏性不如前者。参见前文第86页。

第五章 华兹华斯政治观的相关问题

力支持的暴政都缺乏兴趣；一个人可能会厌恶西班牙国王的专制，但又十分怀疑英国人以帮助西班牙自由主义者反抗残暴君主为目标的远征之策（就像约翰·斯特灵❶差点就参与的那次）。如前所述，华兹华斯的冷淡很大程度上可能也要归因于身体机能的下降。

然而若干事实证明，自由主义者对华兹华斯的批评，可能会带给我们一个关于其晚年对公共生活的态度最不完善或最片面的观点。一个年轻时目睹了法国革命斗争残暴行径的人，自然会感觉到《改革法案》将开启英国的无政府状态，有引发革命的危险。华兹华斯不会让自己陷入大多数英国自由主义者所抱有的幻觉中，即"六月光荣的三日"❷（three glorious days of June）已经终结了法国大革命。谁要是能从法国的经历中意识到，在一个罗马天主教徒占人口大多数的国家建立真正的自由政府的困难之处，那他怀疑1829年《罗马天主教救济法案》会给英格兰和爱尔兰关系带来新的困难，也许就可以原谅了。无论如何，值得一提的是，有直接证据表明华兹华斯整个晚年都

---

❶ 约翰·斯特灵（John Stirling，1806—1844），苏格兰作家，与西班牙革命者相交甚密，并参与筹划远征西班牙，但最终未能成行。——中译者注

❷ 此处疑为作者笔误，应指法国七月革命（July Revolution）中"光荣的三日"，即1830年7月27、28、29日，巴黎人民起义推翻了复辟的波旁王朝。可参考本书关于七月革命的其他注解。——中译者注

未对公共事务失去兴趣,而他临近去世时仍然保持的年轻状态,要远比1815—1850年的辉格党人或自由主义者意识到的多。

1831年,当时25岁的年轻人约翰·斯图亚特·密尔拜访湖区,经常探望华兹华斯。他这样记述诗人:

> 华兹华斯在几个方面特别打动我。一是他广阔的思想维度和宽厚豪爽的感情。这在他的作品尤其是诗中并没有体现,那里只能看出他思想中沉思的部分。有人想从他诗歌的独特品质中推断出,他对人们(除了农民和其他乡下人)的真实生活和积极追求并不感兴趣。不过事实却是,这些问题占据了他大部分的思考,而且他在谈论社会状况和政府形式这些话题时最具启发性。那些最熟悉他的人印象最深的似乎是他全面的能力。我曾听闻洛克哈特❶说他会是一位令人钦佩的乡村检察官(country attorney)。现在,一个人如果能成为华兹华斯或者一名乡村检察官,那他就肯定可以成为环境想要他成为的其他任何人。
>
> 第二个打动我的是他身上极其全面而富有哲理的

---

❶ 指约翰·吉布森·洛克哈特(John Gibson Lockhart, 1794—1854),苏格兰评论家、小说家和传记作者。——中译者注

第五章 华兹华斯政治观的相关问题

精神。我这样表达意在和德意志人最常说的片面性进行直接对比。华兹华斯似乎总是清楚每个问题的赞成和反对意见;而当你以为他没有公平处理时,那只是因为你以为他错误估计了某些事实。因此,我和他或者其他任何一位明理的托利党人的所有区别都是事实上或者细节上的差异,而我和激进分子与功利主义者的区别则是原则上的差异。因为**这些人**通常只看到问题的一个方面,为了说服他们必须把一些全新观点灌进他们的头脑,然而华兹华斯已经拥有所有的观点,你只需要和他讨论某个特定原因或结果——与其他原因或结果相比,其程度的"大小"和分量的多少:所以(我)和他的区别在于一个问题在特点上的变化起伏,在一个时代或者国家**增加**的地方,在另一个则是**减少**,整个问题就在于观察和求证,以及特别证据的价值。我几乎无须告诉你,如果一个人关于所有问题的结论都与他存在分歧,而明天就召集一位部长或一个议会解决这些问题,那他的意见会真的与人相通;我们的原则一致,我们应该就像两个在一条河的两岸追寻同一条道路的旅行者。

然后,每当谈到他的专属话题时,比如他自己的艺术理论——如果把诗歌称为一项艺术是恰当的话(也就是说,如果艺术被定义为用词语或形式表达或体现自然最高级、最精练的部分），任何与他交谈的人都会感觉到他在那个伟大领域超越了其他所有人。他也许是第一个既在这项艺术的实践中取得了如此显著的成就，又对这项艺术的原理有着高超的总结能力和思考习惯，并将两个方面结合起来的人。除此之外，他似乎是我见到过的最健谈之人（我已经见过几位一流的能言善道者）。他全部的行为举止亲切和善，证实了人们由他的诗歌引发的期待，以及他所拥有的让所有人都感到愉悦的、完美而淳朴的性格。不过最重要的是他才智极佳。你看，我在华兹华斯这个话题上有点激动，认为他比我从他的作品中发现的要更令人钦佩、令人愉快。这种情况很少发生，因为如果不是对一个人的信任显著增加并因此感到非常快乐，是不可能看到这点的。我也非常喜欢华兹华斯的家庭——至少非常喜欢其中的女性成员。我相信，拜访他的正确地点就是去他自己的王国——我把那整片山区称为他的王国，今后纳契托什❶（Natchitoches）或斯旺河❷（Swan

---

❶ 纳契托什，美国的一座城市，1819年并入刚成立不久的路易斯安那州，是欧洲殖民者在该州建立的最早的永久定居点。——中译者注
❷ 斯旺河，澳大利亚西南部的一条河流，英国人于1829年在该地建立殖民地。——中译者注

第五章 华兹华斯政治观的相关问题

River)的人们,肯定和麦拉鲁斯❶(Maenalus)与基菲索斯河❷(Cephissus),或者巴亚❸(Baiae)与索拉泰山❹(Soracte)的人们一样也作此想:他生于斯长于斯是幸运的。我想,你不是在那里认识他的,所以我不会告诉你他在这片诗意之地居住的小宅邸或亭子里的任何古老故事,而这里可能是全国上下最怡人的住处。这个地方的不同景色就像是对威斯特摩兰整片山区的提炼或浓缩,其中每一处可见的风光都因他的诗而变得不朽。我很高兴他能广泛地欣赏一切优秀的诗歌,不管它们和自己的多么不同;我也很喜欢围绕着他的那种自由与质朴的简单,每个人似乎都已习惯了讨论和攻击他作品中让他们感到不悦的任何章节或诗歌。❺

这段描写的每个字都值得一读,这是目前为止对华兹华斯良好的晚年生活的最佳写照。1837年,他到意大利

---

❶ 麦拉鲁斯,古希腊伯罗奔尼撒半岛阿卡狄迪地区的一个城镇。——中译者注
❷ 基菲索斯河,希腊阿提卡地区的一条河流,流经雅典汇入爱琴海。——中译者注
❸ 巴亚,古罗马一座繁盛一时的城市,位于意大利那不勒斯湾西北海岸。——中译者注
❹ 索拉泰山,意大利罗马北部、台伯河谷一处山脊,现名Soratte。——中译者注
❺ *Letters of J. S. Mill*, i. 10-12.

旅行。正如斯温伯恩指出的那样,这个时候的意大利希望渺茫,统一事业尚未激起英国人的浪漫同情。但华兹华斯仍然忠于自己的民族主义,当他从阿尔巴诺丘陵❶(Alban Hills)俯瞰罗马时,预言了意大利的复兴:

> 宽恕吧,辉煌的国度!眼前这些
> 深邃的景色——壮阔的平原与山丘上
> 遍布着残碑倒垣,全都蹒跚着立在那里,
> 或者无精打采地躺倒在地;不过,
> 和这些废墟带来的伤感相比,
> 道德景象激起的同情更加让人动容:
> 信仰崩塌,却为她的遗容和华丽的王冠
> 而自豪;美德变得不再奢侈,活力消减。
> 只是,为什么还要继续这样悲伤呢?——
> 你的权势已衰亡,但又幸运地两度崛起,
> 也许激发人心的诗篇会变成来日的喜讯:
> 你,站了起来,挣脱双重枷锁,在上帝的
> 及时指引下,步入伟大天命的第三阶段。❷

---

❶ 阿尔巴诺丘陵,位于意大利罗马城东南约20公里处。——中译者注
❷ Hutchinson, pp. 360, 361,尤其参见 Swinbure, *Miscillanies*, pp. 148, 149。

第五章 华兹华斯政治观的相关问题

1846年,《自杀者的炼狱》("The Purgatory of Suicides")一诗的作者,因某种煽动罪而被监禁的宪章派诗人托马斯·布朗[1](Thomas Brown),一出狱就去拜访了华兹华斯。他马上得到接见,并被诗人的意见震惊和鼓舞,"你们宪章派是对的:你们有投票的权利,只是获取的方式不对。你们必须避免肢体暴力"。76岁的华兹华斯仍然保有旧革命者和吉伦特派之友的精神。他也许并不怎么认可辉格党,但他在去世前4年肯定不是托利党。

---

[1] 指托马斯·库珀(Thomas Cooper, 1805—1892),英国诗人、宪章运动领导人之一,1842年入狱后在狱中写出政治史诗《自杀者的炼狱》。——中译者注

第六章　华兹华斯政治观对当前战争的启示

今天，英国面临着和 1803—1815 年同样的处境：她如今和当时一样，卷入了一场反对武装和专制帝国主义的神圣战争。要证明这个事实无须列出二十条论据，只要引用一段话：

> 这是……一幅可怕的景象——看到一个强盛的辽阔国家被一群鞑靼人以横扫千军之势赶出自己的领土；他们在野蛮天性的冲动下推进，同时装备了由科学和文明制造的伤人武器。这就是法国军队的所作所为；没有经过逐渐变得人性化的哲学和社会精神所呼吁的任何思想的检验，来决定或规范对这些由哲学和科学提供的令人绝望的杀人武器的使用。这些革命冲动和这些野蛮人（不，远为糟糕的是被野蛮化的人）的欲望似乎颠倒了事物，同时恶意调和了他们天性中

第六章 华兹华斯政治观对当前战争的启示

有害的力量,体现在一种新的政体框架里;它与一种古老的政体一脉相承,却没有后者的困顿与缺陷。而最重要的是,一个公然以此原则行动的人认为:所有通过国家最高力量可以安全做到的事情,都可能达成。❶

这是华兹华斯在 1809 年说的话。只需改变一个字,就可以形容我们有义务在 1917 年加以摧毁的德国专制。我们也许从华兹华斯那里可以吸取不止一个教训。

第一,英国首先需要做的是在行为上自我约束,但这必须采取多种形式。

我们必须尝试用"伸张正义"(to do justice)的每一个含义对付德国。为了达到这个目的,我们务必要培养一种公正的思维习惯。在谴责或处理最严重的公共罪行时,我们要鼓励冷静的语言、行为和判断。华兹华斯在这方面为我们树立了最崇高的典范。他谈论拿破仑及其专制主义时使用的每个单词都不失真实或庄重。他"为拿破仑哀悼",没有仅仅重提他的错误,而是从其一生中汲取到重要的教训,即真正的统治艺术并非来自战场或营地的经历,而是源于——

---

❶ 参见 *Tract*, p. 178。

> 书籍，闲适，完全的自由，和与
> 终日漫步思想之地的人交谈。❶

但是我们也必须记住，我们有责任在惩罚德国的方式上坚持正义（可能是非常严格的正义）。即使待到胜利之时，英国也需要严格司法，以便让比利时、法国、俄国和所有因抵抗并阻止德国加强专制而遭到严重破坏的国家，从德国及其盟国那里得到合理赔偿。司法正义和良好本性无关。得到大英帝国所有成员国支持的英国，受德国之害甚巨，不过和被德军占领而遭受了难以忍受的损失与不公的任何国家相比，大英帝国的遭遇算不上什么。大英帝国的公民自己决定他们索取什么样的赔偿才是合适的。但无论是英国，还是大英帝国的任何组成部分，都无权宽大处理德国在比利时与法国犯下的暴行和造成的无法弥补的损害。我们一定要牢记德国罪行的细节，并在战争结束时，对比利时遭受的伤害，要像第一次听到这些前所未有的暴行时一样感到愤慨。对德国仁慈意味着大西洋这边岸上的每个独立国家都永不得安宁。

华兹华斯预言家般地谴责过英国的恶习与愚行，如今它们又全都试图妨碍大战的继续顺利推进，即妨碍履行最

---

❶ Hutchinson, p. 304.

第六章　华兹华斯政治观对当前战争的启示

紧迫的公共职责。在这一点上,我们应当听从他的教导;我们应该撤销或抑制所有的奢侈、狂欢或庆典,这些无论如何都与充塞着个人哀恸的英国、法国、比利时、俄国、意大利、罗马尼亚、德国、奥地利——也许可以毫不夸张地说,与欧洲每个国家大量弥漫的悲伤不相协调。确实很难相信,英国在当前情况下举办公开赛马会(public races)是合适的,因为它们与诸多毋庸置疑的罪恶相关。一个正常的英国人必定会认为,至少在战争期间应当采取非常严厉的措施制止或规范酒精的销售。所有人都能看出,往这个方向进行必要改革会面临严重的困难和可能的危险。不过,即使是早年就从密尔为个人自由所做的崇高辩护中汲取其精神的人,现在也明白,当密尔的学说运用到一场波及大部分文明世界的战争中时,必须受到极大的限制。大概40年前(或更早),一位杰出的、备受敬重的英格兰国教主教大胆宣称,他"与其看到英国清醒,更愿看到英国自由"。❶ 这句话是对某种狂热的抗议,但并不鼓励也无意鼓励这样一个结论:英国应该保持醉态,即使这会让她因此冒上被残暴敌人在战争中击败而失去独立与自由的

---

❶ 参见麦基主教(Bishop Magee)生平,*Dict. Nat. Biog.* xxxv, 315-7。[此处指威廉·康纳·麦基(William Connor Magee,1821—1891),爱尔兰安立甘宗牧师,1868—1891 年担任英格兰国教会坎特伯雷教省彼得伯勒教区主教。——中译者注]

风险。

第二，英国应该给予民族主义应得的尊重。

英国及其盟国正在履行摧毁一种新型帝国专制主义的庄严职责。这场神圣的战争只有通过确保每个民族国家——无论其大小,比如西班牙、葡萄牙、比利时、瑞士、荷兰、丹麦、挪威和瑞典——整个欧洲所及之处的独立和自由,才能达成其目标。用华兹华斯的话来说,我们需要一种"新的势力均衡"。

华兹华斯明确教导我们,英国应该保护或者恢复每个现存民族的独立,无论其大小如何。他还超前于时代意识到,像意大利这样分裂成不同邦国(States)的国家,其民众可能会在精神上认为他们是一个民族,因此只要民族统一的时机成熟,就不应阻止他们达成这一目标。但由于那个年代几乎还未考虑这个问题,他便没有制定任何关于英国在多大程度上渴望或可能促进新民族的发展,或者推动恢复那些在历史上已经长期不再是独立存在的民族的原则。他当然不想在整个文明世界重新点燃仅仅出于种族或语言的差异而造成的长期不和。他不希望因为不同民族的某个古老传统而破坏两个在政治上统一的国家之间的真正联合。他看到英国更明确的职责在于保护现有民族的独立,而非复兴或创造新的民族。难道我们就此(通常以我们自己时代的新情况和新需要而定)重提华兹华斯的观点,重

第六章 华兹华斯政治观对当前战争的启示

视他的民族主义,观察其受到的局限,总的来说不是明智的吗?一个国家的崛起带来的可怕危险如今威胁着文明世界,它蔑视人性和正义的每一条传统,并拥有难以节制的武力——这个问题最为重要。我们都知道,所有人都应该时刻记住华兹华斯这条准则的全部含义:

> 当邪恶除了自己力量所及之外不承认任何界限,并如毁灭之火般急躁地加速增长时,唯一相称或足以相对的是——美德在自己努力的权利之外不屈从任何限制,并被自己缥缈的热忱冲动所驱使。基督教对个人的劝勉在这里成为对国家的训诫——"所以你们要完全,像你们的天父完全一样"。❶

第三,我们的职责是——我们的目标应该是——采用真正具有自由和美德的方式获得自由和美德。❷

华兹华斯给出的这一准则听起来有些玄妙和神秘莫测。但若能正确理解,其中则包含了两条对指导英国目前战争颇具价值的规则。

首先,当德国违反了公认的国际法准则,或者违背了

---

❶ 参见 *Tract*, pp. 188, 189。[此段引文的最后一句出自《圣经·马太福音》第五章第48节。——中译者注]
❷ 参见 *Tract*, p. 141。

任何旨在减轻战争残酷性的常规或习俗时，这条准则不允许仅仅采用大众情感一贯要求的打击报复。我们有理由担心，因为就在几个月前，一位英国商船的船长由于英勇抵抗德国潜艇的攻击而被俘，在德国被当作罪犯遭到处决，而他勇敢的自卫行为完全是合法的。有人立即建议，既然（他们）犯下了这个罪行，那么在英国处决一些没有任何罪行的德国囚犯来报仇，也许就是正当的。但是这种报复存在某些致命的缺陷。它会牺牲战争的一个合法目标：压制和约束令战争增加新的恐惧的政策。模仿罪犯的行为并不是抑制犯罪的恰当方式。如果只是因为一个没有犯下任何罪行的英国人在德国被非法处决，就要在英国同样处决一个没有任何罪行的德国人，那将对所有平凡的正义观念造成冲击。这可以用一个极端例子来检验。假如德国为了增加战争的恐惧，就把一名英国囚犯虐待致死——难以想象我们会乐于看见这个情景。而英国和所有文明国家的人都会觉得，如果英国人通过将一名无辜的德国人虐待致死以示报复，那这种报复肯定会震惊整个文明世界的道德评判。我从来都不否认，可能会出现报复和惩罚难以区分的例子。两者的根本不同在于：报复实际上是复仇；惩罚则不应满足于以报仇为目的，而应是为了防止未来的罪行，当然也就不应该直接伤害没有犯下任何罪行的人。如此，法国军队像从前那样占领科隆（Cologne）的时刻很可能会来临。

第六章　华兹华斯政治观对当前战争的启示

至少对于华兹华斯这样的道德家而言，兰斯（Rheims）及其大教堂被德国军队完全摧毁这一事实本身，并不构成破坏科隆及其大教堂的正当理由。但是，这个想象的例子在现实层面仍然根据情况而有所变化。假设德军仍然占领着法国部分领土，这个被德国士兵如此占领的国家拥有诸多教堂和具有重要历史价值的建筑。在这种情形下，英国及其盟国有合法理由宣称，如果德国人无缘无故地破坏任何一座教堂或历史遗迹，那科隆大教堂将会片瓦无存。因为这样威胁和施加的惩罚往往可以阻止犯罪。

其次，我们的准则要求，在这场为了自由和美德而进行的战争中，应当采取总体上有利于实现这些高贵目标的方式。这一点值得坚持，因为现如今它常被遗忘。许多本能地渴望战胜德国的杰出人士假定这样一个事实：一个自身无可指摘的习俗盛行于德国，乍看起来这是英国采取或模仿这个习俗的有力证据。这种感觉当然包含着一定程度的真实性，并可能因此产生过于强大的影响。人们忘记了借自德国的做法可能会降低美德，长远来说则会削弱英国的力量。我的意思最好用例子来表达。德国无疑赢得了很大的势力，至少在战时如此；事实上在普鲁士的指引下，它正在成为或已经成为一个主要为取得战争胜利而建立的国家。而目前，现代英国似乎忘记了，一个伟大的文明国家大多数时候旨在推动和平与真正的文明，并以和平的存在为根本条件。同时,现代英国也忽视了,个人自由尽管可能在当下不受待见,但其自身具有的优点和力量并不亚于军国主义。眼下的战争甚至表明,当英国被外国专制统治者袭击时,大英帝国这个现代世界的伟大自由国家的每个角落都会团结起来保卫英国。如果有人要寻找大英帝国团结的秘密之源,那么可以自信地回答:大不列颠和她的自治领之间的团结是自由的造物。自治领的忠诚主要归功于现在为人嘲笑的自由放任(laissze faire)政策——要有点胆量才敢使用这个表达。我的朋友戈德金❶是一位能力非凡的作家,他在英国出生并接受教育,后来在美国产生了比大部分不是在本地出生和接受教育的美国公民更大的、为了达到最好目的的影响。他经常认为,罗马在战争中得胜,最初要归功于罗马人在公民美德方面令人钦佩的训练。这个悖论被我这位朋友的不止一位听众不断攻击,不过对我而言,它在后来的日子里似乎包含了一个极为重要的真理。尽管英国的自由在战争中暴露了英国人的一些缺点,但也展示了奇迹般的力量。这支"不值一顾的小部队"从踏上欧洲大陆的那一刻起,就没有敌人胆敢轻视,并且以惊人的速度成长为数以百万计的军队。我们也许容易承认,

---

❶ 指艾德温·劳伦斯·戈德金(Edwin Lawrence Godkin,1831—1902),生于爱尔兰的美国记者、新闻编辑,1865年创办了美国至今仍在发行的最老周刊《国家》(*The Nation*)。——中译者注

第六章 华兹华斯政治观对当前战争的启示

英国人在战争开始时从德国人那里学到很多。但是我们也必须记住,英国的个性和个人自由仍然可以向欧洲大陆一些军事化国家传授许多宝贵的经验教训。普鲁士军队的严明纪律尽管在很多方面令人佩服,不过如果将其强加在英国士兵身上,理智之人会相信这造成的损失不会多于收获吗?即使是德意志人,这也并不总是一个简单的优势。开往耶拿❶(Jena)的军队继承了腓特烈大帝❷的传统和训练。不仅是德意志人,连许多外国评论者也相信这些士兵拥有欧洲最好的体格。但在耶拿,德军完败。相对而言这不值一提,因为即便是罗马军队也屡次战败。重要的是,尽管德意志军队的官兵和他们今天的后代一样充满了个人勇气,却在那个时候被吓得张皇失措。这种惊慌不足为奇。士兵们被训练成一个庞大机器的组成部分,当机器损坏或瓦解时,他们经常会迷茫和困惑。进一步来说,任何削弱官兵之间真诚善意的训练,都可能付出过高的代价。任何教导人们严格遵守命令的纪律可能亦是如此,在没有命令时也不留给他们足够的个性行动。人人都渴望确保的是,我们

---

❶ 耶拿,位于德国中部萨勒河畔,1806年拿破仑在此城打败普鲁士军队。——中译者注
❷ 指腓特烈二世(Frederick Ⅱ,1712—1786),普鲁士国王,1740—1786年在位,统治期间大力发展军力、扩张领土、赞助和支持文化艺术,使普鲁士国力大增,成为欧洲大国。——中译者注

不应出于让英国人摆脱某些公认的缺点这一正当愿望，而忘记自由及其一切可能的错误从整体上来说是英国伟大的源泉，并且是建立大英帝国的精神所在。未来可以确定的是，即使到战争结束时，英国乃至大英帝国可能会在一段时期内保持看起来很庞大的军事力量——如果和英国在19世纪大多数时候维持的军队相比。有人可能希望让军事训练成为每个英国人教育的一部分。不过也有人希望在训练变得普遍的同时，至少在海外服役方面，自由征募入伍这个重要因素可以构成我们军事体系的组成部分。

然而，如果我们暂时把目光从英国移开，来考虑现代法国的处境，就会更容易认识到华兹华斯那条准则的重要价值所在，即应当采用具有自由和美德的方式达到美德之目的（比如在一场正义之战中获胜）。从历史传统来看，法国是现代欧洲的军事强国。在过去大约130年里，除了彼得格勒（Petrograd）和伦敦，法国军队耀武扬威地进入了几乎每一座欧洲首都。不过，法国虽然是伟大将领和胜利之师的国度，但无论在**旧制度**之下还是大革命之后，市民生活一直都很活跃。法国是一个军事国家，但并未军事化。她也是一个不断复兴与复活的国家。法国民族和法国军队如今彼此认同。市民和士兵可以说联合了各自的美德。法国人结合了他们的勇气和耐心。现在还活着的人会记得，克里米亚战争刚结束时，我们到处被告知他们在法国做得

第六章 华兹华斯政治观对当前战争的启示

更好。如今我们被告知他们在德国做得要好得多。这两种说法都不完全正确。但值得谨记的是,法国的自由精神对人类的教益,和从德国将军事纪律与科学训练结合中吸取的教训同等重要。难道有人会自抒己见地建议,法国人在军事问题上最好全部追随德国的范例吗?我们现在都看到,法国虽然为军队训练每一位国民,但她仍然不是一个军事化国家,尽管她已创造了一支至少可以与德军抗衡的军队(除了数量上不如),并且就凡尔登❶而言,我们大可认为他们并不只是平分秋色。对于法国人来说,军事能力并没有破坏或削弱公民美德。尽管法国精神在某些方面与英国不同,但两个国家都认为自由是进步的关键因素。在法国和在英国一样,对于德国专制成功带来的奴性的麻木状态,不应让其诱使自由之人忘记,他们即便在战时,也必须倾向有利于美德和自由之目的的可能方法。

第四,英国人应该在这次战争中履行希望之职责。

华兹华斯的话最好地解释了这一职责:

> 就此打住——诗人说,他至少值得

---

❶ 指凡尔登战役(Battle of Verdun),第一次世界大战期间法国和德国在巴黎东北部小城凡尔登进行的一场战役,双方投入大量兵力争夺此地,造成的伤亡超过 70 万人,被称为"凡尔登绞肉机",战事最终以德国退回战役开始时的战线结束。——中译者注

这个赞誉：有德的自由是他的纯洁之歌
全部的内容，在这黑暗之日的
最糟糕时刻，没有动摇过希望；
希望，是上天为人类备受磨难的心灵
赋予的至高**职责**——这是何等的荣耀。
我们的灵魂要永远记住一个真相——
用迷离的眼神注视如日中天的暴君，
是遭人诅咒的事情；还有——
怎么痛恨**他们的**罪恶都不过分，
他们可怕的目的让眼泪横飞，鲜血四溅
正义将倾尽全力——
哦，可怜的人啊，忘记你的孱弱，
暴君的王座就建在这里！❶

  让华兹华斯作为一名爱国诗人而声名鹊起的是，他在拿破仑治下的那些黑暗日子的最糟糕时刻，也从未动摇过希望，并且把希望、对有德之自由的热爱，以及对得势暴君的痴迷者的严正谴责联系在一起。他无疑是对的。从《亚眠和约》（1802）到滑铁卢战役（1815）的这些年间，所有英国人唯一需要的就是希望，而这是保持国家力量的

---

❶ Hutchinson, p. 321.

第六章 华兹华斯政治观对当前战争的启示

绝对必需品。❶ 华兹华斯展示了他对人类本性的深刻洞见，希望于他而言并不是一种愉悦或安慰，而是上天以自身的荣耀为人类备受磨难的心灵赋予的至高**职责**。在这点上，他和大多数即便是最好的宗教传教士都有所不同。他们经常试图通过唤起人们的恐惧，引导其走向正义之路，而华兹华斯唤起的则是最神圣的希望。在拿破仑战争期间，要履行希望之职责当然是困难的。而到此时此刻，尽管有诸多鼓励，这个职责还是如同拿破仑胜利期间那样艰难。我们可能不得不年复一年更加小心地履行这个职责。没人能知道战争会持续多久。在这场可怕的冲突中，每一方都清楚地发现对手的力量远远超过了原来看似合理的期待。也许有人敢说，英国及其紧密联合的自治领没有达成所有预期的一个原因在于，他们并未完全认识到希望就是一种职责。如果我能怀着希望带领多数大不列颠和爱尔兰的平民，无论男女，来阅读和思考这首杰出的十四行诗（尽管这肯定是个奢望），那将是无与伦比的满足。这首诗的精神应当会终结很多令人绝望的恐惧。它应该会使我们每个人都对国家尽职尽责，让我们消除许多对战争指挥方法的无用批评，那些指挥者不管有什么缺点或属于哪个党派，都真的立即被一种最普遍的爱国主义力量

---

❶ 参见前文第 75 页司各特的话。

和最明显的抱负所驱使,尽其所能地确保每一位忠诚的英国子民希望和祈祷获得的胜利。理性的希望必定会激发我们对水兵的勇敢和技术抱有无限的信心,再多一点这种精神,就能避免那个荒唐但同时又至为可悲的错误,即英国公众被一封关于日德兰海战❶(Battle of Jutland)模棱两可的电报所误导,把一场光荣的胜利当成了一次不幸的战败。让整个联合王国的每位平民都努力以各种不同的形式来履行这个重要职责吧。无须呼吁我们的士兵和水手,每一级别的海军和陆军将士的高昂情绪就和他们的勇气一样众所周知。

第五,英国及其盟国必须拒绝所有不以完全胜利为基础的和平。

绝对不能出现第二个《亚眠和约》,理由有二:首先,对英国来说,一个不完全的和平意味着完全的失败,而失败则意味着英国和大英帝国的毁灭。其次,不完全的和平意味着对战争的谴责。这样的和平肯定在事实上(如果不是在名义上)摧毁不了德国的专制,而德国专制本身就合理解释了这场世界战争造成苦痛的原因。如果协约国(the Allies)发表宣言称,德国至少从比利时撤军,他们才会考

---

❶ 日德兰海战,1916年英、德两国海军在丹麦日德兰半岛以西爆发的一场海战,结果德国击沉了数量更多的英国船只,但在战略上未能突破协约国在北海的封锁。——中译者注

虑议和，那就最好不过了。

现在，所有关于和平条件的谈判以及所有世界结盟的计划都不合时宜；它们比徒劳无功还要糟糕；它们可能会造成无尽的伤害；它们转移了人们眼前的真正职责。这个时候召集英国及其盟国，不是为了制定创造一个新的或者更好世界的政策，而是为了惩罚和防止犯罪；如果不对其进行惩罚，来之不易的欧洲文明将被重新推回野蛮状态。我们在这里遵循华兹华斯的教导和榜样。他没有梦想某个道德的千禧年，也没有制订确保永久和平的狂热计划；他不是和平主义者。

> 一个国家将会犯下严重的错误，如果它被其他国家的军事力量虐待，以至于无法意识到，在没有尚武习性、没有对军事美德的辛勤培养的情况下，就不会有人曾经是或者能够是独立的、自由的，或者安全的，更不用说是伟大的——无论在何种意义上使用这个词。❶

华兹华斯在政治上的眼光和在诗歌中一样，总是聚焦于事实。无论得时不得时，他都在诗歌和散文中宣扬，英国当时的一大职责就是将世界从拿破仑的专制中解放出来。

---

❶ Advertisement to "Thanksgiving Ode", January 18, 1816.

131 今君虽终，言犹在耳。他告诉我们，今天的职责就是将世界从更加残暴和更加危险的威廉二世专制中解放出来。

无论出于什么条件都应拒绝议和，这样的建议对于任何常人而言都有些可怕。无论一个人多么微不足道或者多么默默无闻，在就战争问题提供意见时，他的第一职责都是最清楚地告知他所看到的真相。不过对于任何作者而言，如果能用比自己更有名、更有经验的人的话来表述自己的结论，那将是一种安慰，也可能会比自己的说法更加公正。我提请读者注意三位权威人士说过的话。首先听听一位法国总理❶的发言。虽然那是他在一年多前说过的话，但它们代表了法国人民的精神，代表了在马恩河战役❷（Battle of the Marne）中击退了德国军队的士兵们的精神，当时德军自信满满地指望立即攻入法国首都。它们还代表了后来在一场数以月计的战役之后，迫使德国最精锐的部队失去了夺取凡尔登的每一丝希望的士兵们的精神。

我们深信胜利将会是正义的胜利。我们要解放欧

---

❶ 指勒内·维维亚尼（René Viviani，1863—1925），法国社会党政治家，1914—1915 年担任法兰西第三共和国总理。——中译者注

❷ 马恩河战役，1914 年 9 月，英法联军与德国军队在巴黎东面的马恩河进行的一场战役，结果德军的推进被阻止，撤退到法国西北，战争随后转入堑壕战。——中译者注

第六章　华兹华斯政治观对当前战争的启示

洲，让比利时获得自由。我们要夺回失去的省份，粉碎普鲁士的军国主义，因为世界和平与它血腥的反复无常势不两立。❶

接下来读一下我的朋友布赖斯子爵❷的宣言，他比任何在世的英国人都更了解全世界各国的政治知识：

> 他认为，如果有什么事情是这个国家和中立世界的公众舆论完全同意的，那就是那些把邪恶带到比利时，破坏她的城市，给她的人民带来贫穷和困苦的人，应当让他们为自己造成的伤害付出最大限度的代价。❸

最后听听我的朋友、哈佛大学前校长艾略特博士❹在波士顿一次浸信会牧师会议上给出的意见。他的讲话富有权威，因为他一生为国效力，做出了卓有成效的贡献。他

---

❶ *Pall Mall Gazette*, April 13, 1915.
❷ 指詹姆斯·布赖斯，第一代布赖斯子爵（James Bryce, 1st Viscount Bryce, 1838—1922），英国政治家、外交家、历史学家。——中译者注
❸ *The Times*, April 8, 1915, p. 7.
❹ 指查尔斯·威廉·艾略特（Charles William Eliot, 1834—1926），美国学者、教育家，1869—1909 年担任哈佛大学校长，是该校在位时间最长的校长。——中译者注

的讲话还具有任何英国人都不具备的公正无私。艾略特博士说道:

> 现在不要祈祷和平。我无法想象人类现在有比欧洲和平更不幸的灾难。如果现在宣布和平,德国就会占领比利时,它咄咄逼人的军国主义就会取得胜利。那将是它在犯下一个国家所能犯下的最大罪行——不忠于条约权利——后取得的成功,神圣的条约将一文不值,文明也将倒退数百年。我不认为任何有思考力的美国人能对此保持中立。这场战争关涉自由以及一切其他美国理想。❶

当被问到牧师们什么时候可以开始祈祷和平时,艾略特博士说:"当德国被赶回自家领土,被迫完全补偿比利时之际。"

这些忠告应该得到最深切的关注。它们只有一个不足之处:由今天的人提出,而不管一个人有多高深的智慧和经验,都不能完全从自己时代的影响和错误中逃脱出来。我们应该向一个和眼下时代相近,但又不完全相同的年代的真正预言家请教。没有人比华兹华斯更符合我们的要求,

---

❶ *The Times*, April 14, 1915.

第六章 华兹华斯政治观对当前战争的启示

他的爱国十四行诗比别处展示了更多真正的预言启示。正如我所希望表明的那样,他著名的《论〈辛特拉协定〉》的确包含了适合当下的智慧和政治理念,只是其中一部分被大都已失去意义的短促事物所占据。他在备受鼓舞的确信中以绝对的信心写下爱国十四行诗,谴责英国人的英式毛病;它们更多包含了那些阻碍英国在战争中获胜的错误抑或罪行,而非敌人的邪恶;它们呼吁,我们有义务追随英雄楷模传给我们的历史美德。即使最乖张的聪明人也不会把华兹华斯爱国箴言中的任何一句话视为他对同胞之爱的奉承,哪怕华兹华斯高度相信英国的事业是正义的,一定会取得胜利。如果英国被赞扬,那就不是华兹华斯时代的英国。他从不让自己的听众忘记,他们常常达不到先辈们为爱国主义设定的高标准。他通过让英国人回忆起人们在不幸之时容易忘却的两件事,来赋予他们新的力量。一件是珍视崇高的希望这一至为重要的职责,另一件是一个可怕的想法——一个所有人在这场未完的战争中都不应该忘记的想法——如果我们未能尽最大努力履行公民的全部义务,从而确保一项正义事业的胜利,我们将会因为败坏传承下来的荣耀以及牺牲英国承继的自由而蒙受耻辱。

> 我们不曾这样想过:奔流出海,
> 受到世界赞誉的英国自由,

早已流淌在黑暗的古代，
"壮阔之水，势不可当"，
尽管水要满溢的时候，常常唤起
一种情绪——藐视套在身上的枷锁，
这条徜徉在泥淖与沙地之间，最富
盛名的溪流，将会枯竭；邪恶的，善良的，
都将永远消失。在我们的大厅里，挂着
过往战无不胜的骑士们的武器：
我们讲着莎士比亚使用的语言；
怀有弥尔顿坚持的信仰与道德；
不自由，毋宁死。——世上的一切
我们都最先萌发力量，摘得各种桂冠。❶

---

❶ Hutchinson, p. 307.

《华兹华斯的政治观》
［英］A.V. 戴雪 著

《全景监狱》
［英］杰里米·边沁 著

《教会与国家的宪制》
［英］塞缪尔·柯勒律治 著

《查无此处》
［英］塞缪尔·巴特勒 著